HABITER LA FRANCE

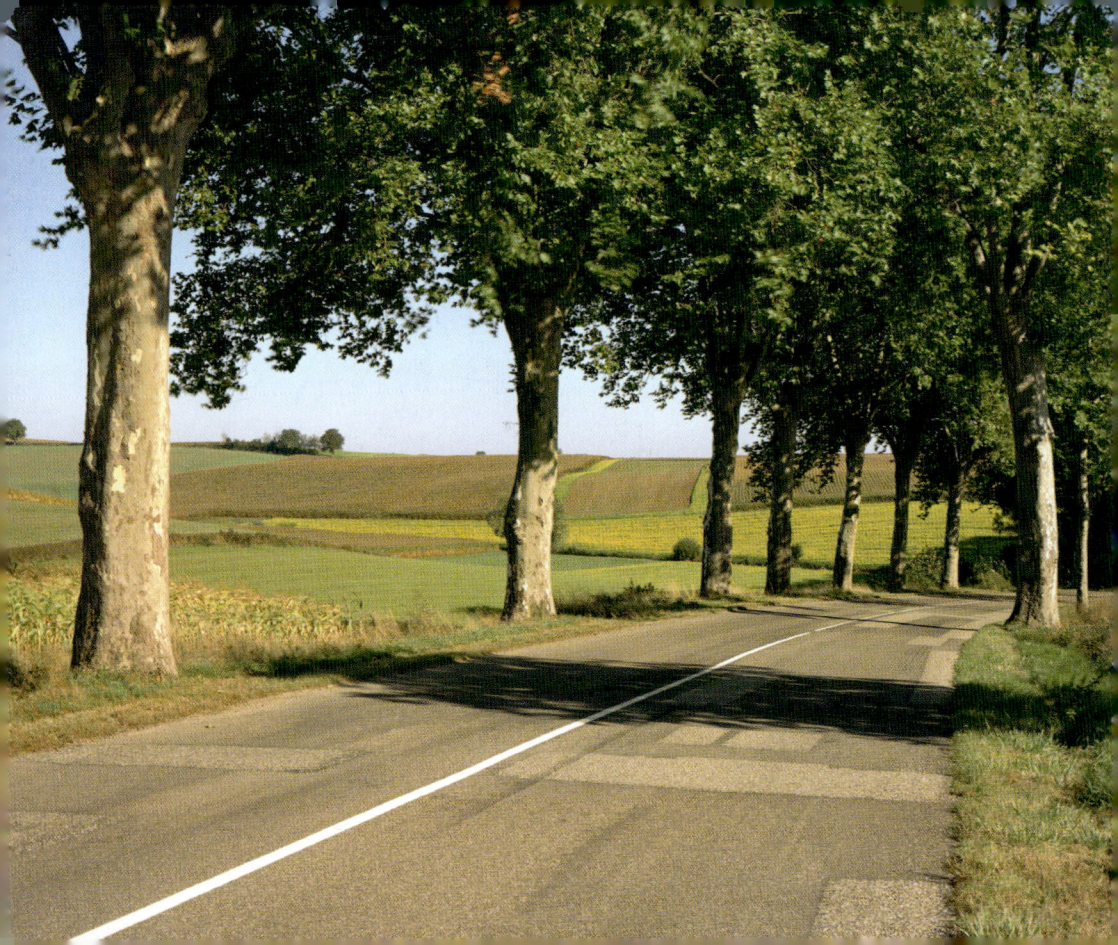

HABITER LA FRANCE
DE RAYMOND DEPARDON

Préface de Michel Lussault

Seuil

Cet ouvrage est une sélection de photographies publiées dans
le livre *La France* de Raymond Depardon paru aux Éditions du Seuil
en 2010 – qui accompagnait l'exposition du même nom présentée
par la Bibliothèque nationale de France, sur le site François-
Mitterrand, Grande Galerie, du 30 septembre 2010 au 9 janvier 2011
– et des photographies publiées aux éditions Points au format
Point2 en 2012.

Page 3 : Bas-Rhin.

ISBN 978-2-7578-6924-6

Préface

Ce qui nous lie aux lieux que nous habitons et qui en retour nous habitent est tout à la fois d'une grande force, d'une importance vitale (nous ne pouvons pas exister « sans feu ni lieu ») et difficile à dire. D'ailleurs, autant l'être humain peut se montrer disert à propos de tout, autant, lorsqu'il s'agit d'expliquer ce qui, en tant qu'habitant, l'attire quelque part et l'attache à une contrée, souvent il devient évasif, imprécis, voire taiseux. Comme si quelque chose de plus intime encore que le corps mis à nu s'imposait et laissait la conversation en blanc, comme si le langage lui-même peinait à exprimer ce qu'il en est de notre condition d'animal spatial.

Tout géographe a connu de ces moments d'enquête, quand soudain le dialogue avec une personne interrogée se distend, que les phrases s'étiolent, que le silence parfois s'installe et le regard de votre interlocuteur se perd, allant visiter cet « arrière-pays[1] » mental dont nul ne peut véritablement percer le mystère, quoi qu'il en ait. Cela advient en général lorsqu'on cherche à cerner ses ancrages, lorsqu'on pose la double question : où et pourquoi ? « Où vous sentez-vous chez vous et pourquoi ? » Alors l'ineffable entre en scène, à l'instant où il s'agit de rien de moins que de dévoiler, à travers un attachement à un ou des espaces, sa personnalité et de qualifier son existence. Il n'est pas rare que l'on cherche secours dans le bouclage du sens, un peu comme lorsque Montaigne décrivait son amitié indéfectible pour La Boétie en une formule pleine de grâce, obvie et pourtant opaque comme une énigme : « Parce que c'était lui ; parce que c'était moi. » Pourquoi ce lieu-là vous est-il cher, indispensable peut-être à votre vie ? Parce que c'est lui ; parce que c'est moi. Fermez le ban.

Tout lieu qui nous importe vraiment possède cette part d'indicible et peut-être, ceci expliquant cela, un « je-ne-sais-quoi et un presque-rien » qui nous renvoie à l'enfance : comme si les espaces qu'il nous sied le plus d'habiter mais dont nous pouvons à peine parler hébergeaient des spectres familiers, aimables quoique mutiques survivants d'une époque où la magie du monde opérait sur la petite fille ou le petit garçon qui découvrait la vie par l'appel du dehors. Nous nous y « retrouvons » – sans ce genre de support nous sommes perdus dans le temps et dans l'espace –, cela nous permet de vivre *hic et nunc* « l'intensité d'un lieu particulier, d'un moment précis[2] ».

L'art a toujours voulu arraisonner et imager cet arrière-pays. Y est-il parvenu ? C'est une autre question, mais c'est la photographie qui s'est approchée au plus près de ce qui fait que les lieux et les paysages nous « impressionnent », comme leur lumière impressionnait jadis la pellicule, médium analogique permettant la « monstration » simultanée du triple caractère de tout espace habité lorsqu'il se présente à nous sous la forme d'une image bien spécifique : précisément un « portrait » – qui au demeurant se révèle aussi un autoportrait du photographe.

Un portrait de lieu, donc – exactement ce que ce livre donne à voir, par centaines –, est en effet : spectaculaire, car il fait spectacle, fût-ce sur le mode mineur, de notre monde d'expérience ; spéculaire, car il fait miroir de notre identité personnelle et nous permet de nous voir dans les reflets que notre contemplation de la « figure » autorise ; spectral, car il fait apparaître dans l'agencement de formes spatiales les fantômes et les ombres du passé que les lieux activent lorsque nous les regardons fixés sur le papier. Raymond Depardon – lui dont le rapport à l'enfance est si fort – compose des œuvres au sein desquelles les modes spectaculaire, spéculaire et spectral s'épanouissent chacun avec force et se combinent rigoureusement.

Ce qui est illustré là (ce à quoi on donne du lustre), ce n'est pas la France dans sa supposée permanence mais son habitation dans ses mouvements incessants, ce qui n'est pas du tout la même chose. Et même plus : sa co-habitation, ce que le commerce millénaire des humains en société(s) avec leurs environnements a déposé comme signes et comme traces, signes et traces toujours repris, biffés, torturés, ménagés, transfigurés, métamorphosés par l'Histoire.

Voilà bien ce que ces photographies rassemblées nous racontent de manière éloquente et cependant sans un mot, chacune pareille à un sémaphore permettant de s'orienter au sein d'un univers visuel d'une grande richesse et qui expose une géo-iconographie ici présente à l'état de matériau brut pour des récits à venir. Il incombe au lecteur-spectateur de composer l'intrigue qui lui est propre, à partir de sa sensibilité, de ses expériences et de ses souvenirs, et de compléter ainsi la découverte de son arrière-pays, qu'il ne cesse de parcourir de la naissance à la mort sans jamais pouvoir en épuiser les différents aspects.

Pour Raymond Depardon, cette série est, plus que toute autre, celle d'une vie, d'une existence. Le photographe est un arpenteur existentiel (et la photographie un existentialisme), perpétuellement sur la route afin d'offrir aux lieux une possibilité d'apparaître pour ce qu'ils sont : des prises qui assurent nos vies humaines (à la manière des prises que l'alpiniste ne peut pas ne pas trouver sur sa voie s'il entend continuer l'ascension), des étais pour que notre humanité ne s'effondre pas.

Du coup, il est important que Raymond Depardon ne sacrifie pas aux poncifs paysagers – ceux des guides et du roman national – et assure plutôt, délibérément, la présence du hors-champ de la France, de ce qui n'est habituellement jamais cadré, parce que cela ne semble pas intéresser qui que soit dans les sphères autorisées. Il s'agit pourtant de tout ce qu'on aperçoit dès que l'on emprunte les routes secondaires : ces hameaux, villages, petits centres urbains, ces carrefours, ces amas de constructions, ces stations-service, ces commerces, ces hangars, tous ces cadres bâtis dépareillés, parsemés un peu partout, sans plan préconçu, qui constituent une véritable prégnance territoriale – pour peu qu'on sillonne les chemins de traverse, on en trouve partout, de ces éléments génériques, des lieux et paysages de peu. Bref, rien d'indigne, mais tout d'ordinaire : tout ce qu'une certaine culture lettrée nous incite à ne pas vouloir prendre en considération, alors même que ces espaces scandent la France et offrent des ancrages à nos existences quotidiennes.

Or, avec Raymond Depardon, le hors-champ fait bonne figure ; il le place au centre de sa visée et le saisit, dans toute sa complexité, sans l'héroïser. Il ne travestit rien, ne retouche rien, n'arrange ni ne dérange rien. Il est sensible, plus que nous ne pourrons jamais l'être, à l'atmosphère d'un site, auquel il sait conférer une fermeté, une rigueur de structure et un statut de quasi-personnage.

Lorsque je regarde ces images, je suis d'abord captivé par la variété des détails, par la tension subtile entre le commun et le singulier, entre le banal et l'original. Mais, tout aussi rapidement, la nostalgie me vient, sentiment étrange et pénétrant : une mélancolie géographique qui résulte de l'idée de l'éloignement d'espaces de cocagne. D'abord parce que, comme je l'ai dit, ces images parlent de l'enfance – parlent d'elle et à partir d'elle. Si elles nous font prendre conscience de sa perte, elles permettent aussi d'en garder souvenir, d'exercer notre capacité de « remembrance », de nous projeter à nouveau dans ces « moments de lieux » où le monde était celui de nos jeux et où l'inconnu nous appelait plus qu'on ne le craignait. Ensuite parce que ces photographies donnent à voir que quelque chose s'est retiré de nos territoires contemporains. Non pas les habitants (que Depardon a toutefois écartés de façon que le regard se focalise sur les lieux et leur énergie propre), mais – comment dirais-je ? – un genre de vie en commun, une sorte de joie de vivre (sans doute en grande partie imaginaire), l'alacrité drue de la coexistence (pas toujours pacifique) des voisinages qui, jadis, peuplaient ces petits « pays ». On y habite encore mais une tristesse désolée sourd des lieux portraiturés. Désormais ces images me paraissent aussi celles d'une France du sentiment d'abandon, voire du ressentiment. Comme si on y vivait isolés, ensemble et pourtant séparés des autres, méfiants, jaloux de ceux qui auraient plus que soi, qui seraient supposément mieux traités, ailleurs, dans les métropoles, à Paris, dans les banlieues. Non plus une France des provinces, ouvertes aux passages et aux influences, plus connectées au monde qu'on ne l'aurait longtemps cru mais une France confite, piégée dans sa propre macération, dans sa rancune envers ceux qui l'auraient fait sortir de ses cadres géographiques rassurants. Ici, les spectres qui hantent les lieux sont plus menaçants.

Les photographies de Raymond Depardon ne jugent pas, ne tranchent pas. Nous pouvons y projeter notre nostalgie féconde, celle qui permet d'aller de l'avant, de vivre heureux en attendant la mort, de transmettre à nos enfants des mémoires, des biographies, des histoires et des géographies composites avec lesquelles ils devront apprendre à composer. Ou préférer nous enfoncer dans le chagrin perpétuel, dans la déploration, dans l'amertume de ce qui est passé et ne reviendra plus. Je crois que notre photographe choisit plutôt de garder intacte sa capacité de surprise et d'émerveillement devant ce dont témoignent ces lieux, malgré tout : si la France éternelle et immuable n'existe que dans les fantasmes les plus insensés, si elle est un *perpetuum mobile*, elle le doit aux individus qui, sans cesse, aspirent à l'habiter et, forcément, à la partager.

Michel Lussault

1. Yves Bonnefoy, *L'Arrière-pays*, Genève, Skira, 1972.
2. Yves Bonnefoy, *Ibid.*

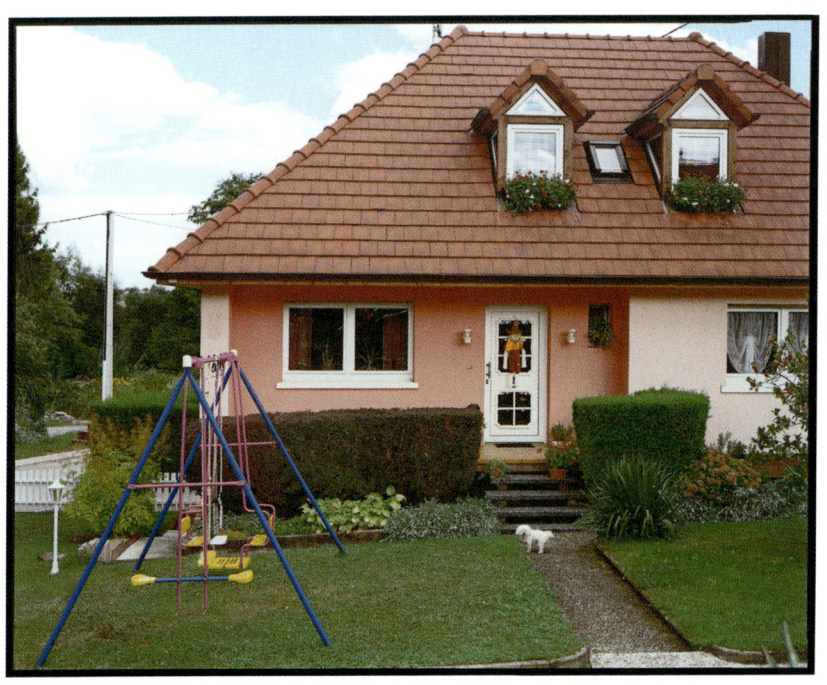

Bas-Rhin, Rott. I 11

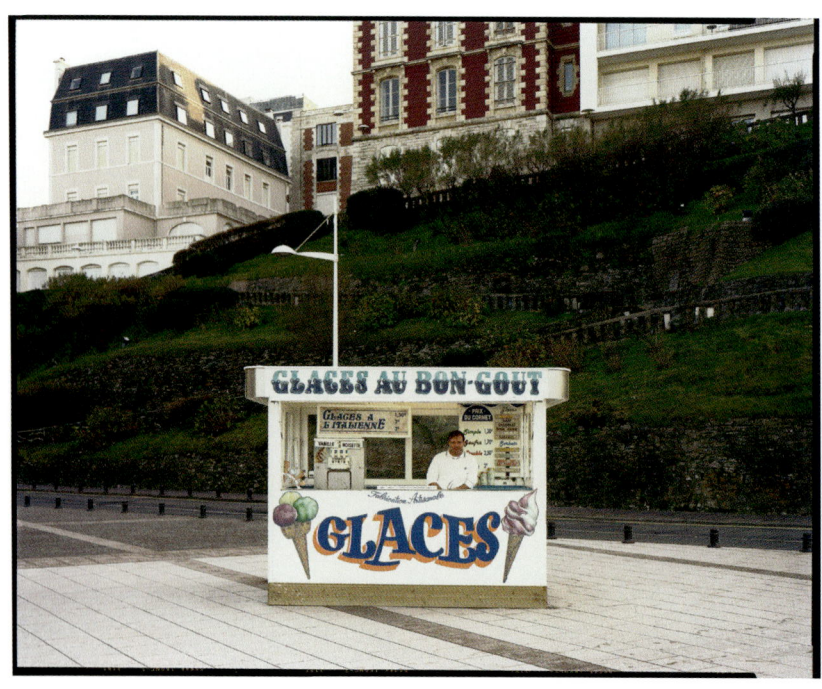

12 I Pyrénées-Atlantiques, Biarritz.

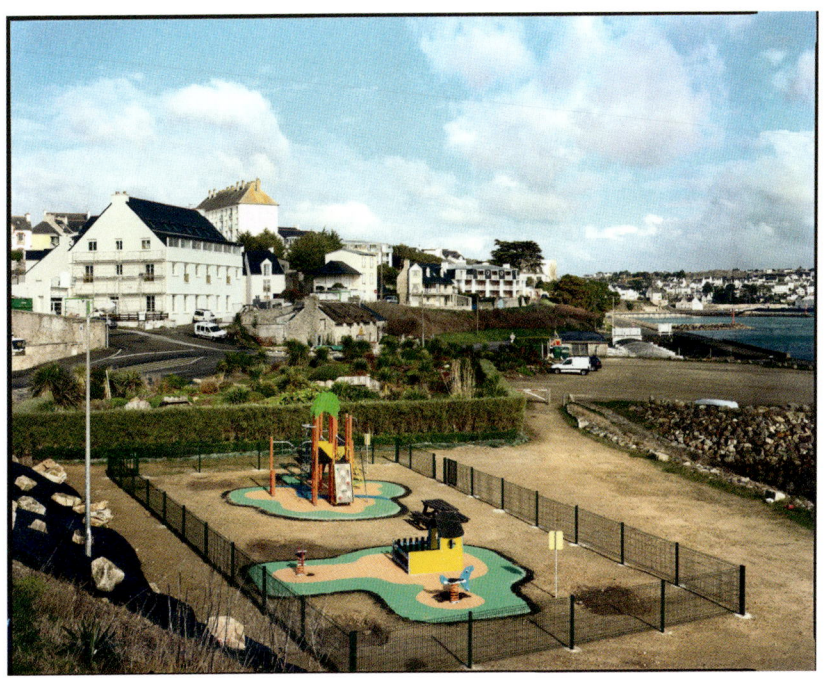

Finistère, Audierne. l 13

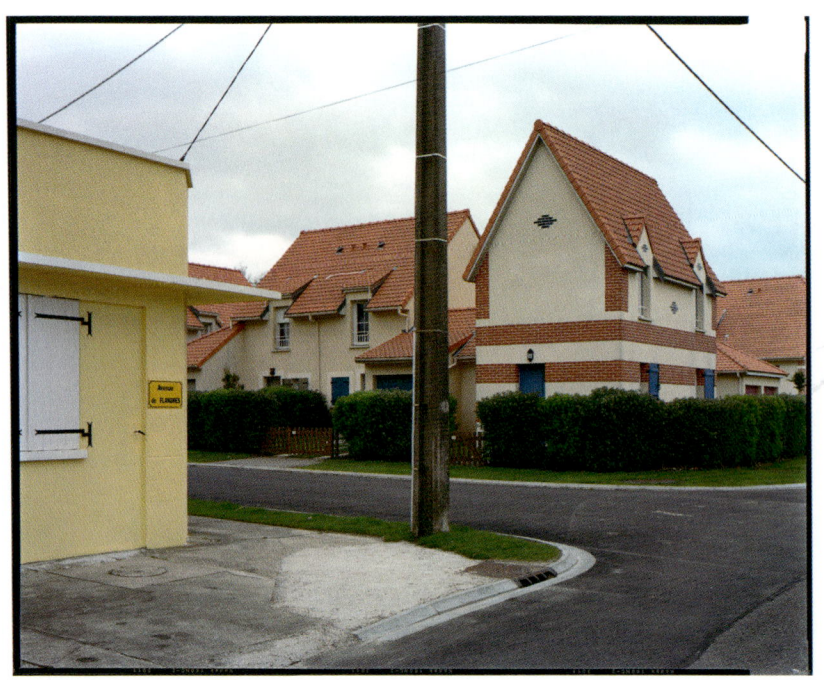

14 | Pas-de-Calais, Merlimont-Plage.

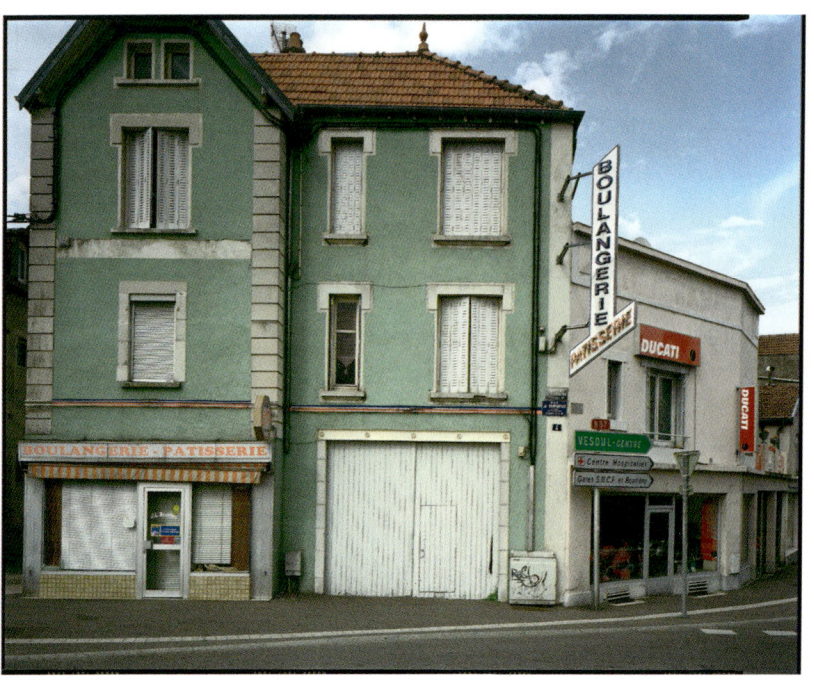

Haute-Saône, Vesoul. | 15

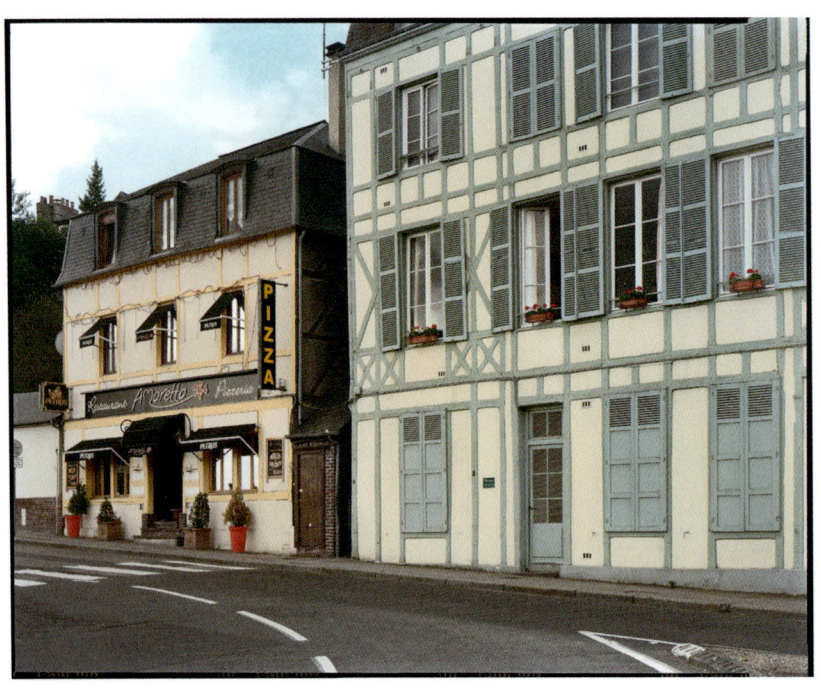

16 | Calvados, Honfleur.

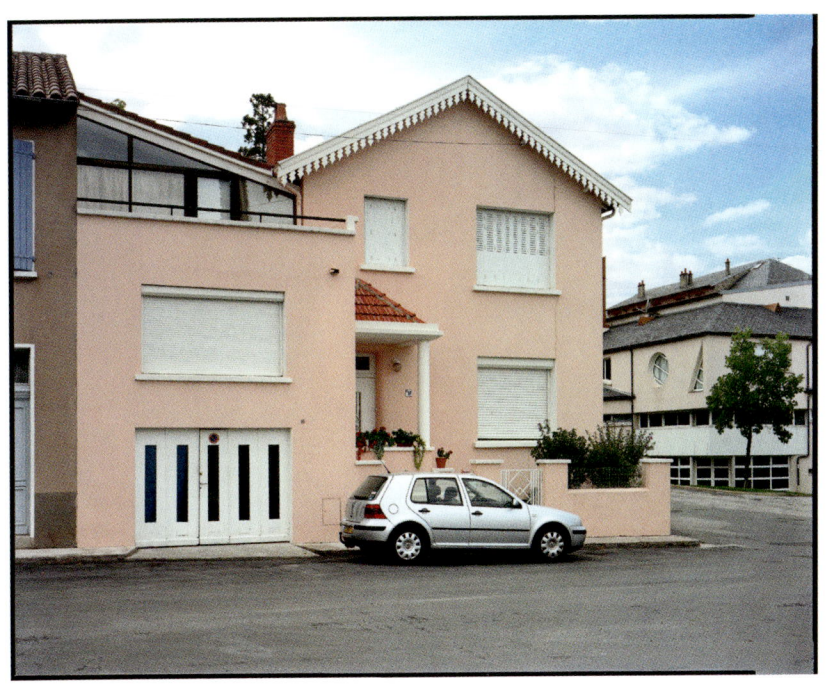

Aveyron, Saint-Affrique. I 17

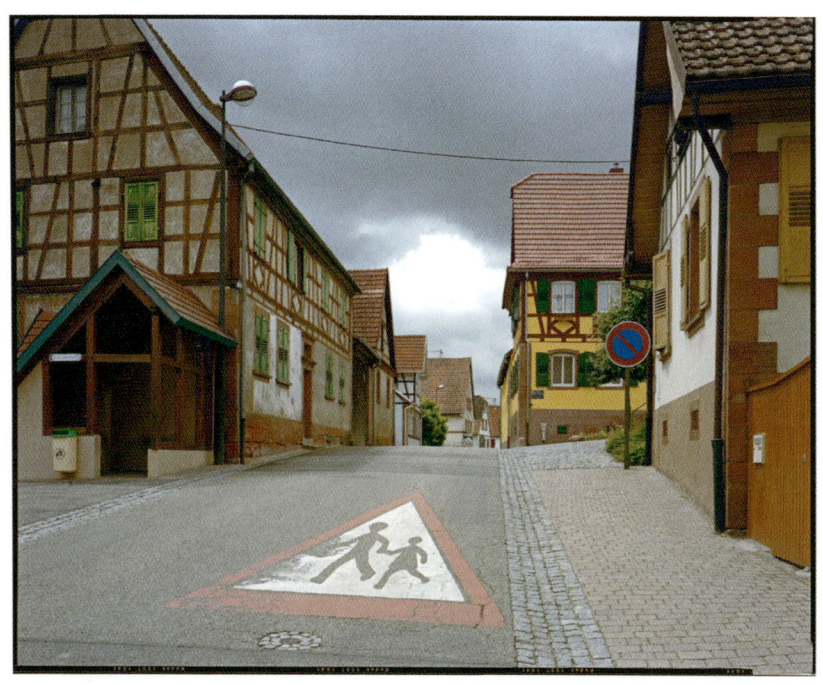

18 | Bas-Rhin, Offwiller.

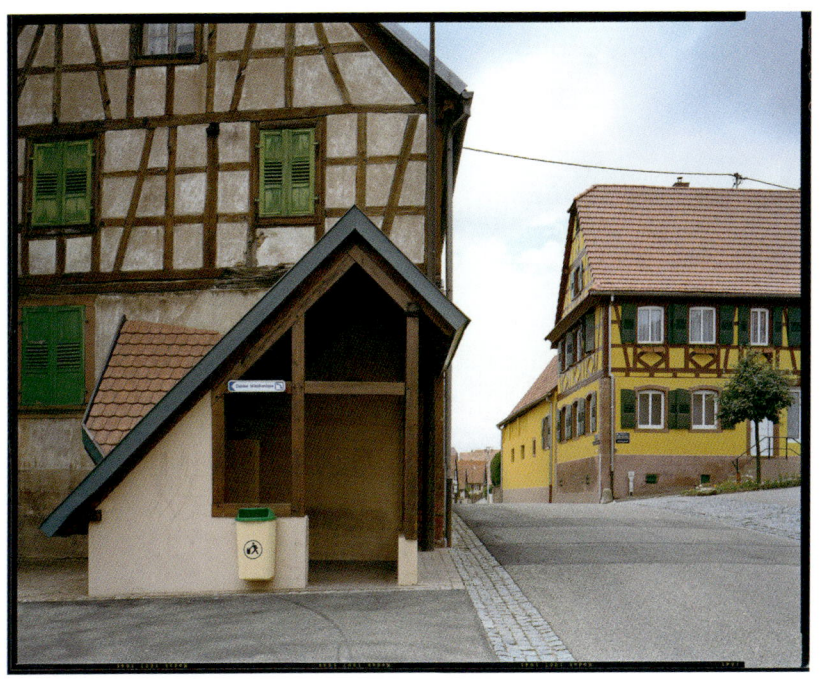

Bas-Rhin, Offwiller. | 19

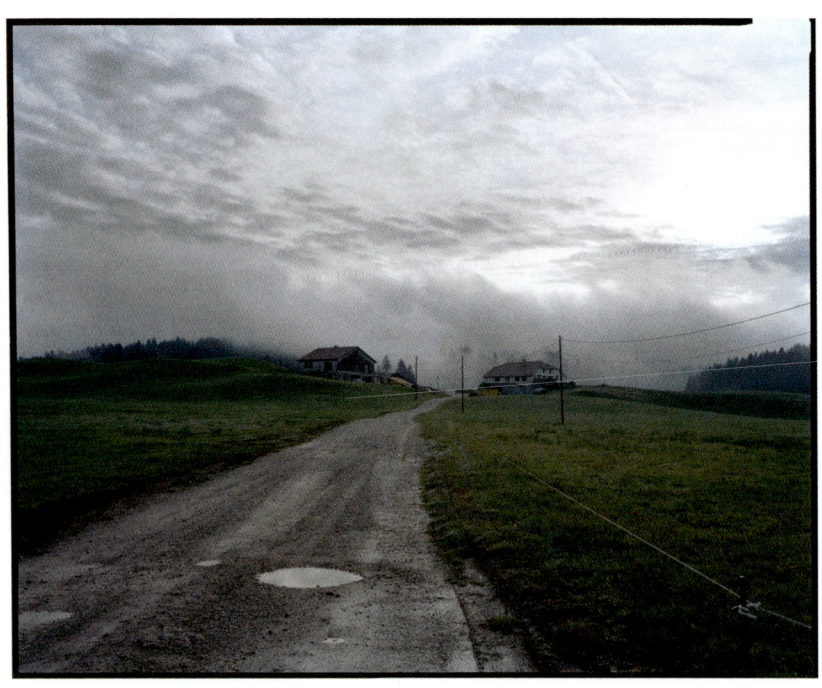

20 | Jura, Bellecombe.

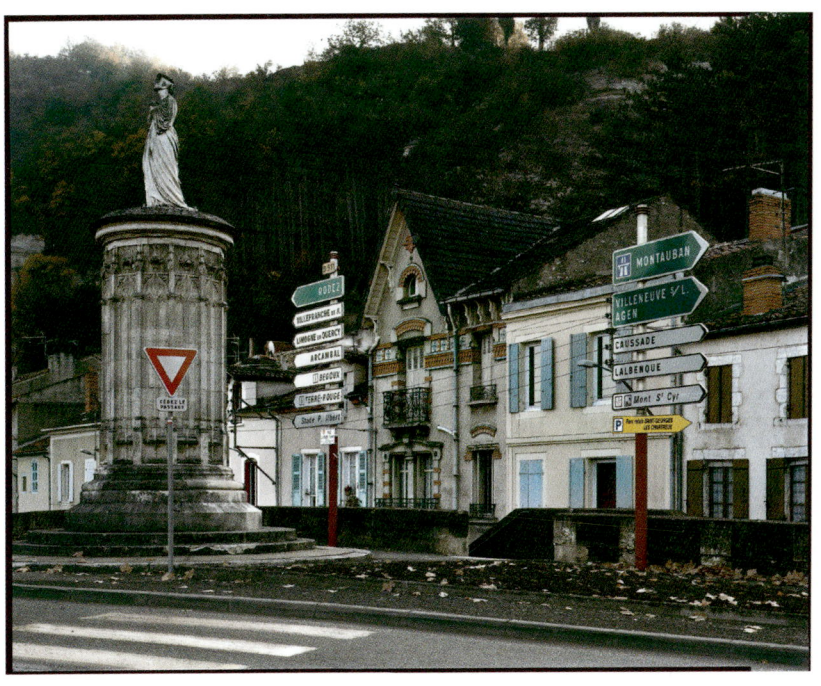

Lot, Cahors. | 21

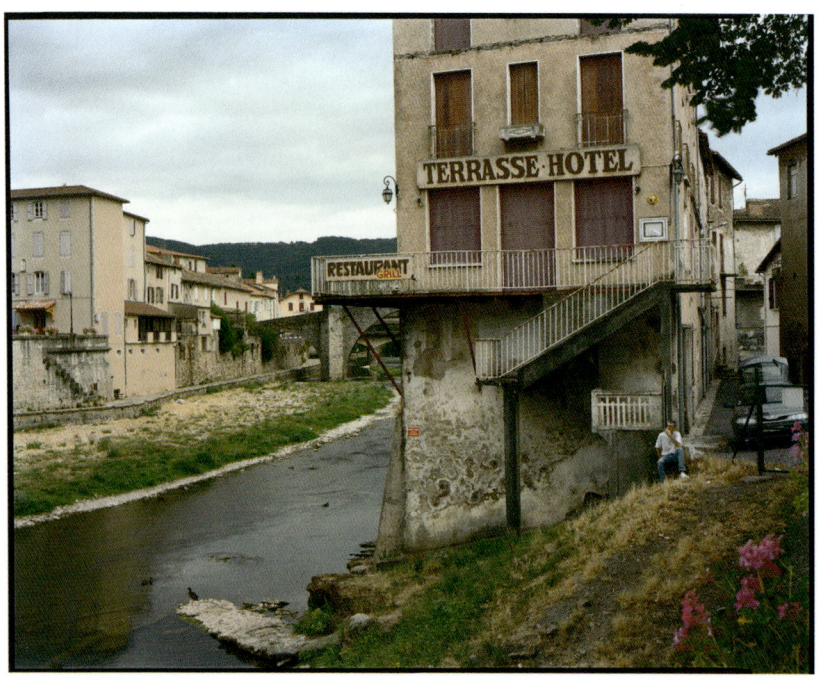

22 | Aveyron, Saint-Affrique.

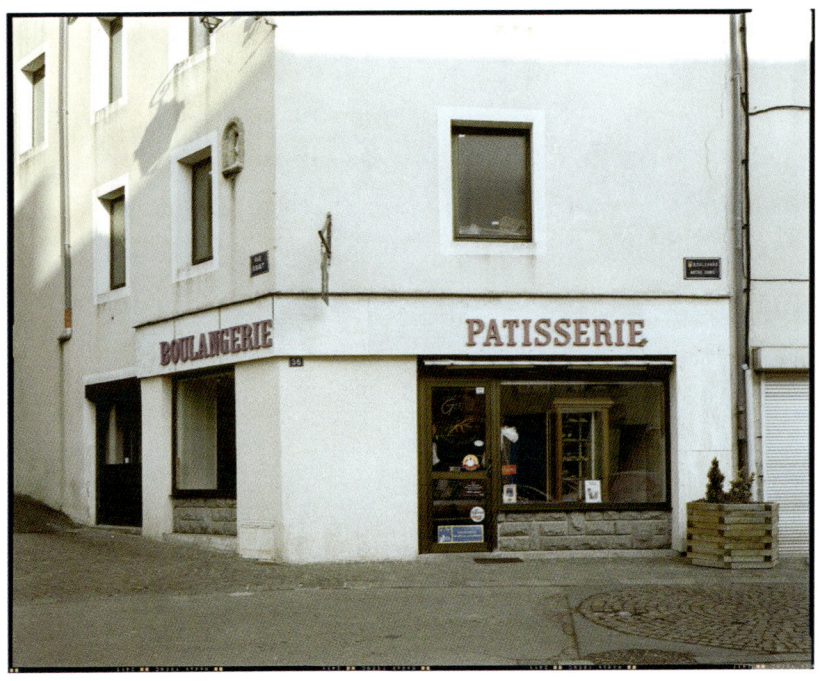

Lozère, Langogne. | 23

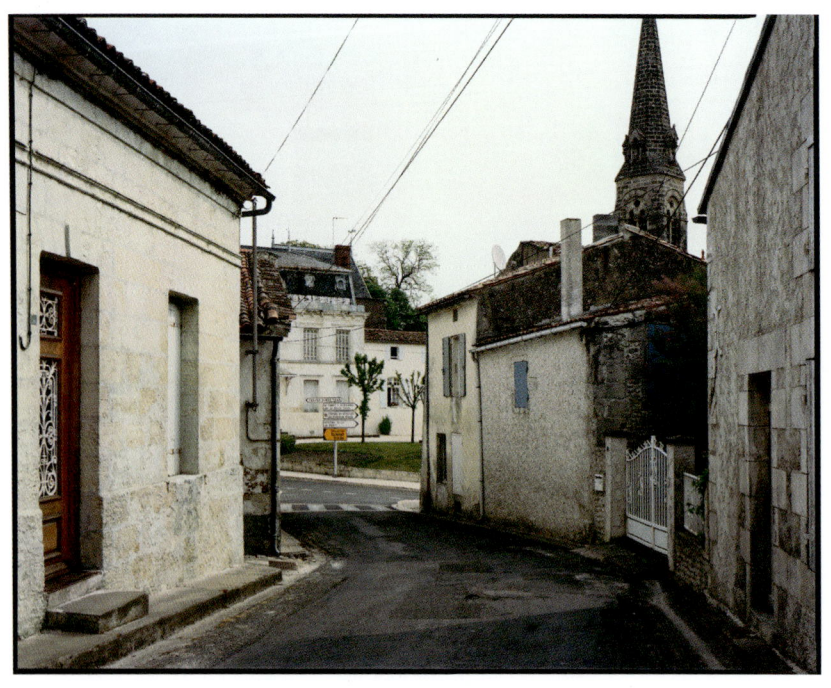

24 | Charente-Maritime, Mortagne-sur-Gironde.

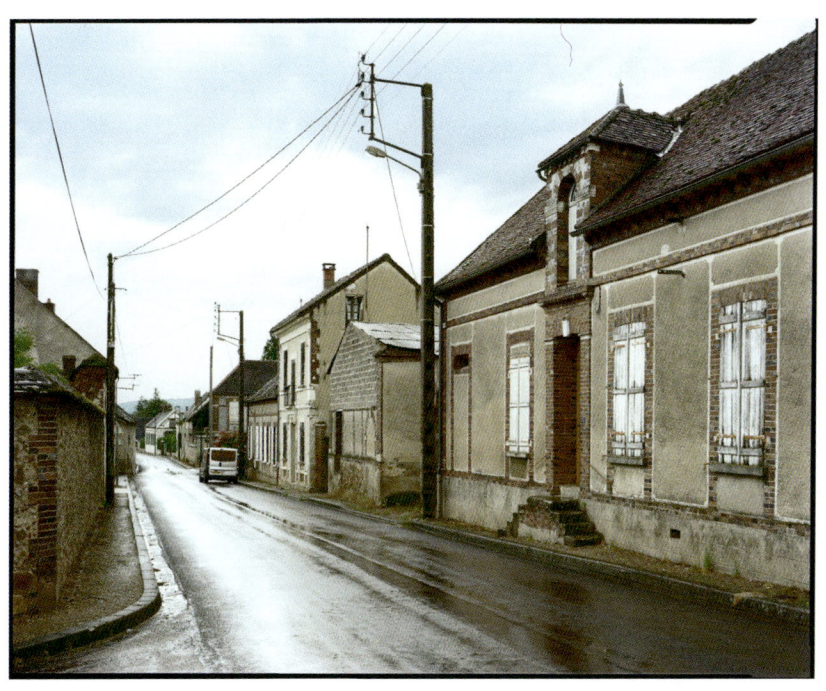

Yonne, Saint-Martin-sur-Oreuse. | 25

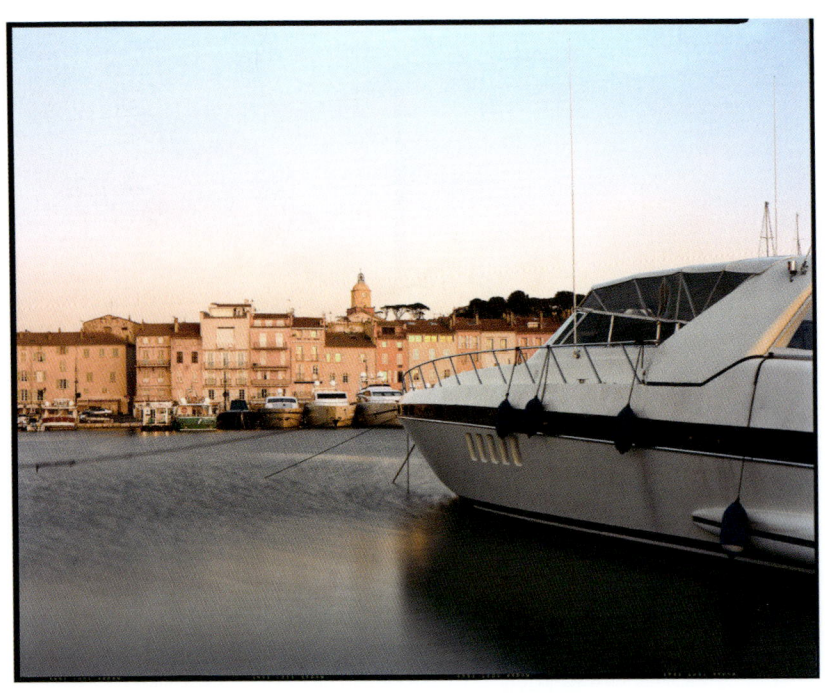

26 | Var, Saint-Tropez.

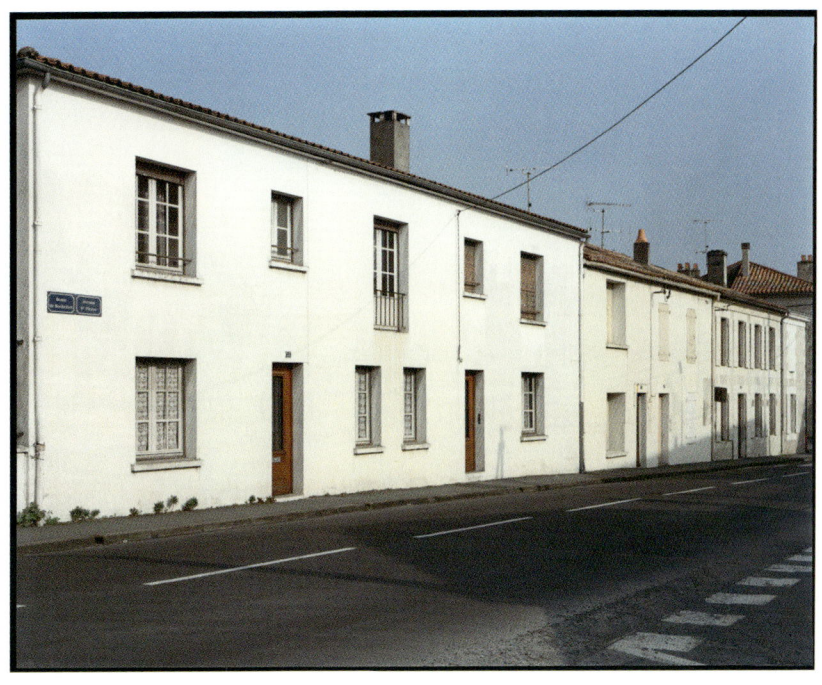

Charente-Maritime, Surgères. | 27

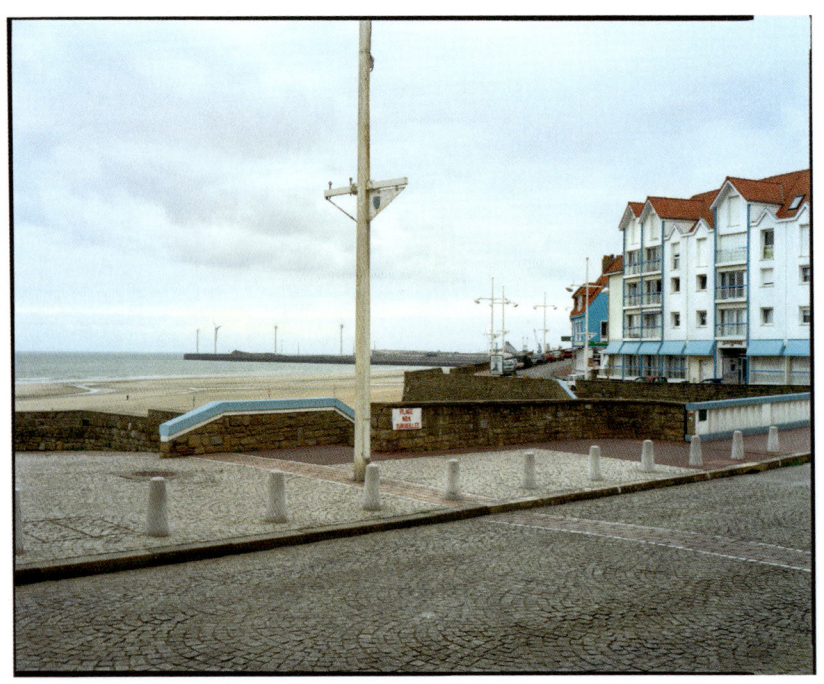

28 | Pas-de-Calais, Le Portel.

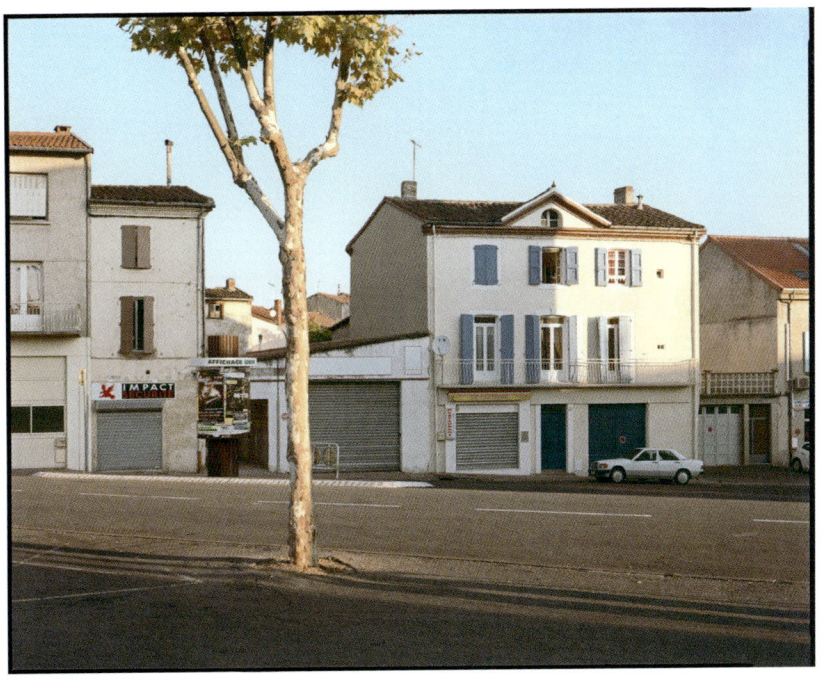

Tarn, Carmaux.

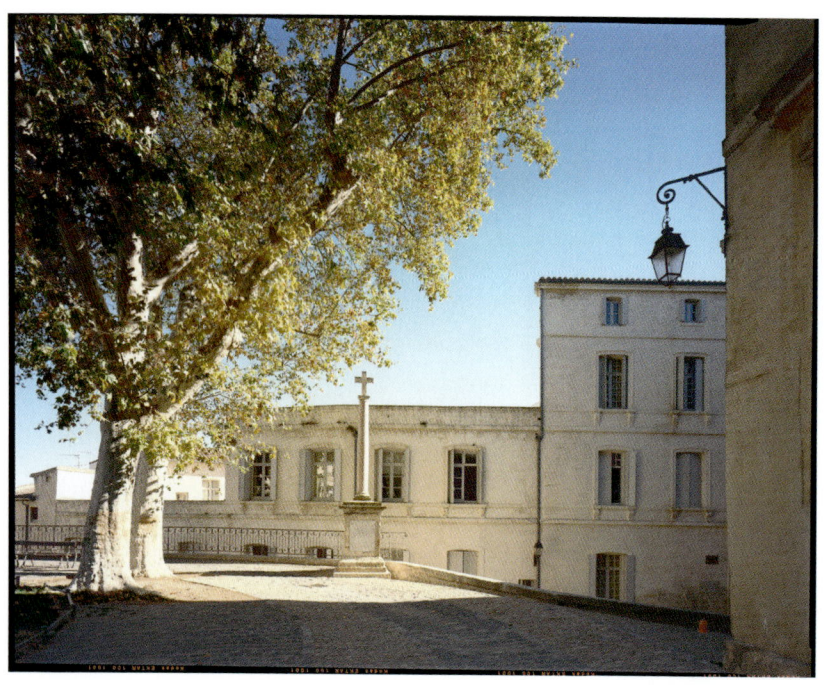

30 | Hérault, Montpellier.

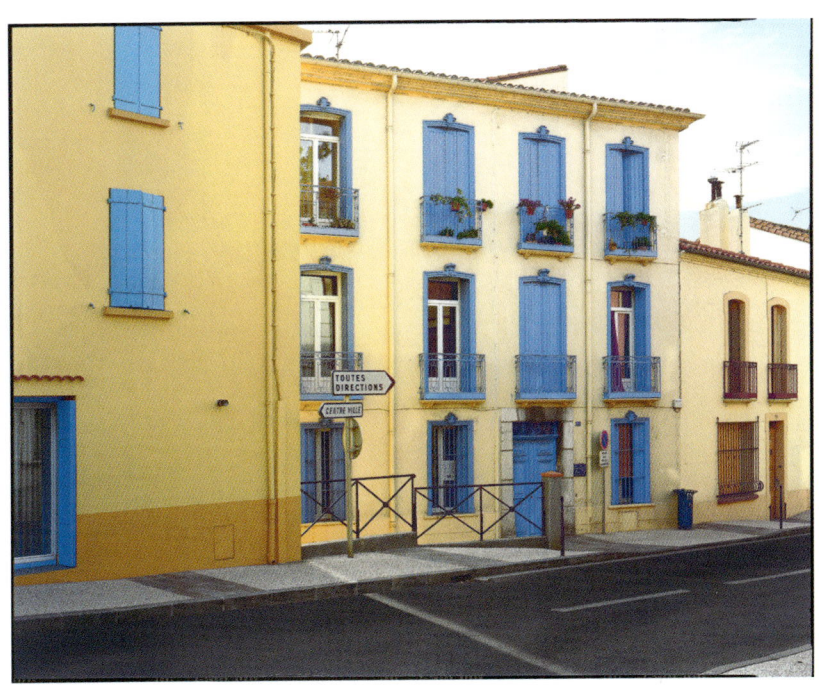

Pyrénées-Orientales, Céret. I 31

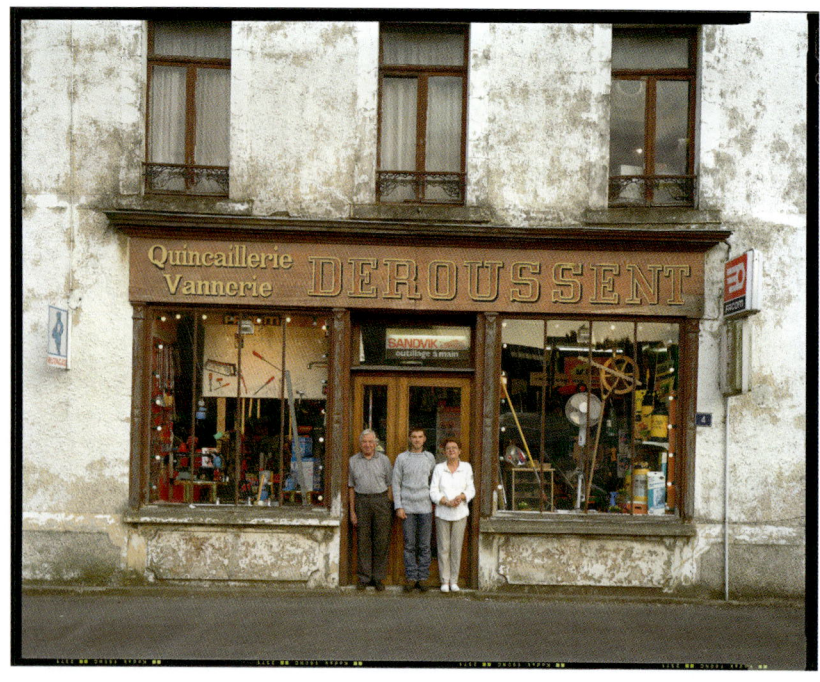

32 | Pas-de-Calais, Montreuil.

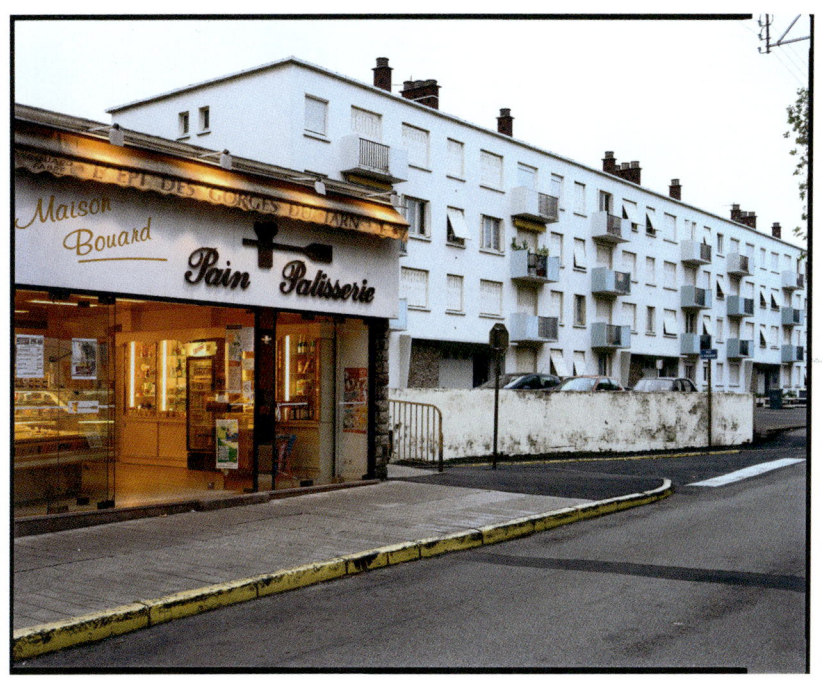

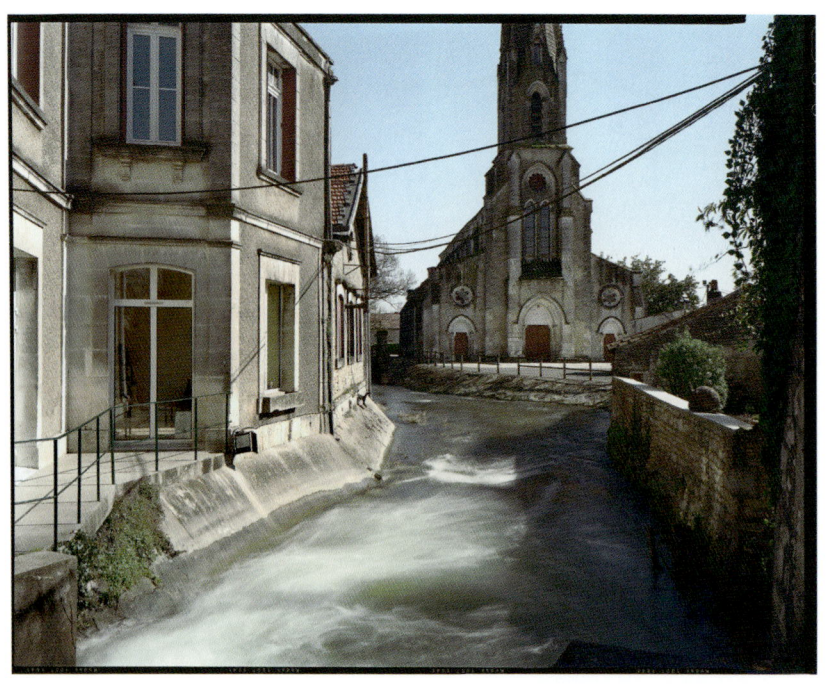

34 | Charente, Aigre.

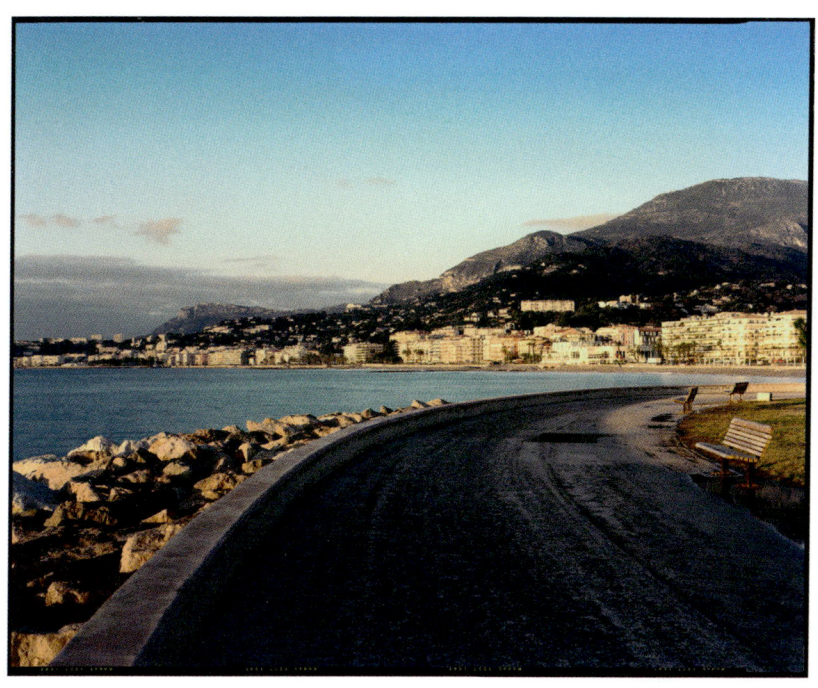

Alpes-Maritimes, Menton.

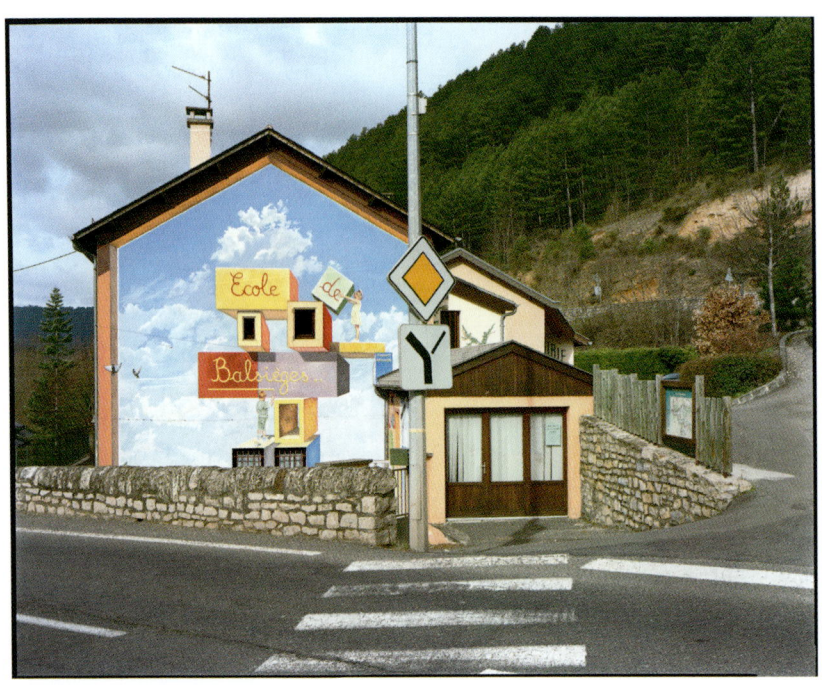

38 | Lozère, Balsièges.

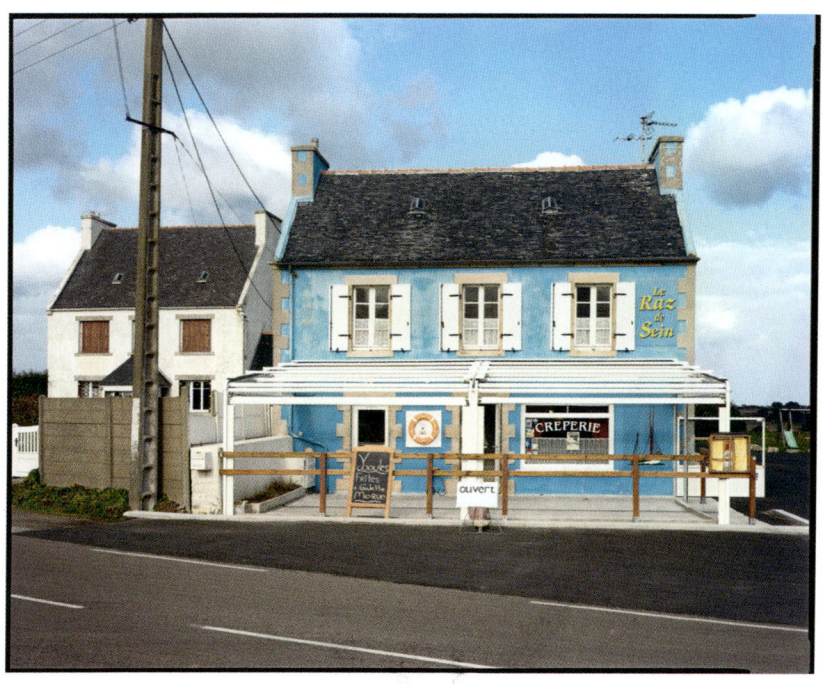

Finistère, Plogoff. | 39

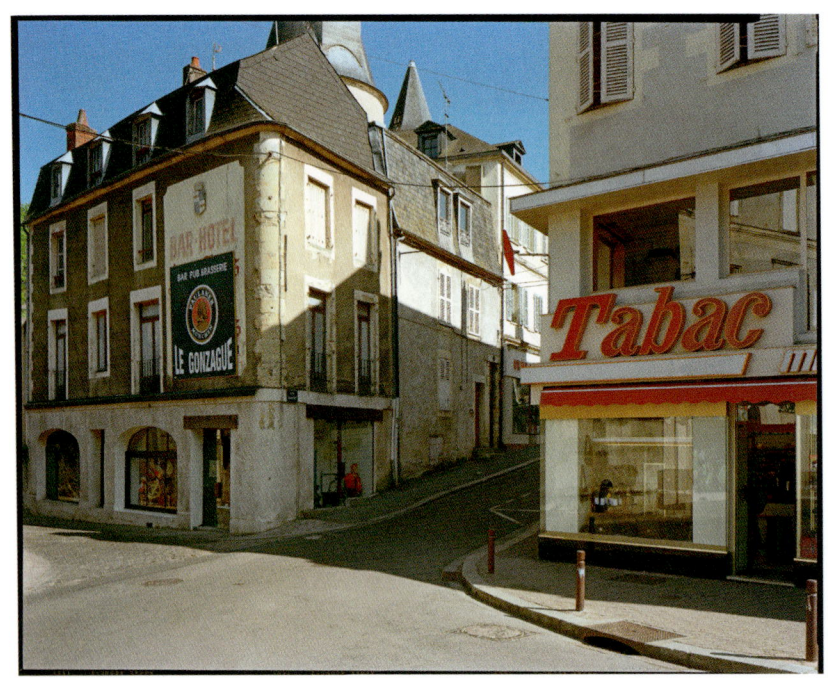

40 | Nièvre, Nevers.

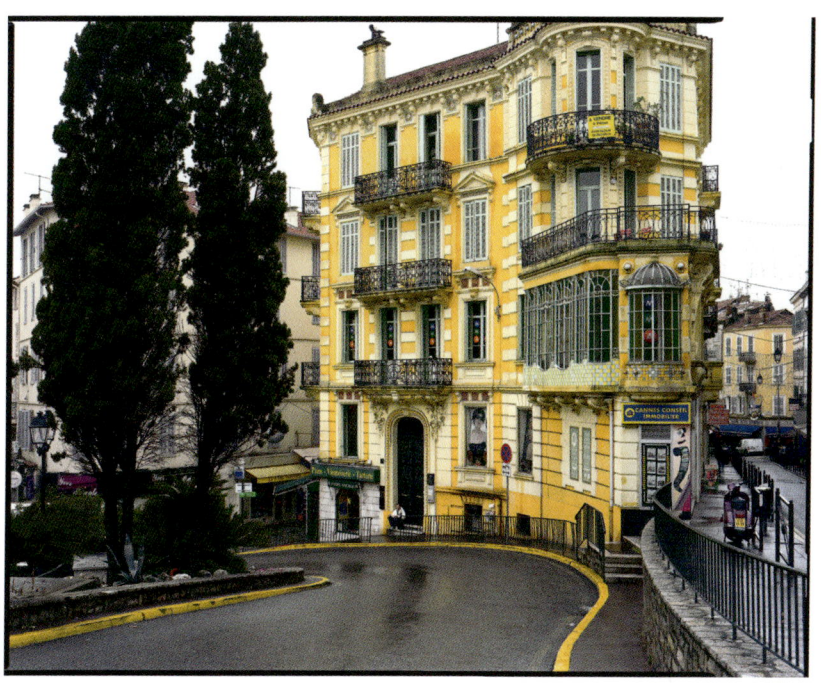

Alpes-Maritimes, Cannes. | 41

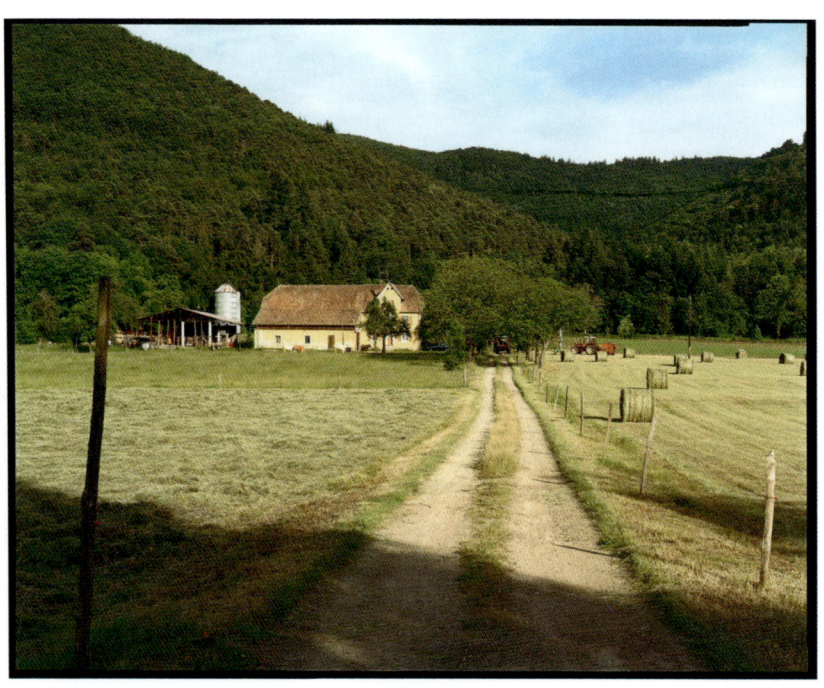

42 | Haut-Rhin, La Forge.

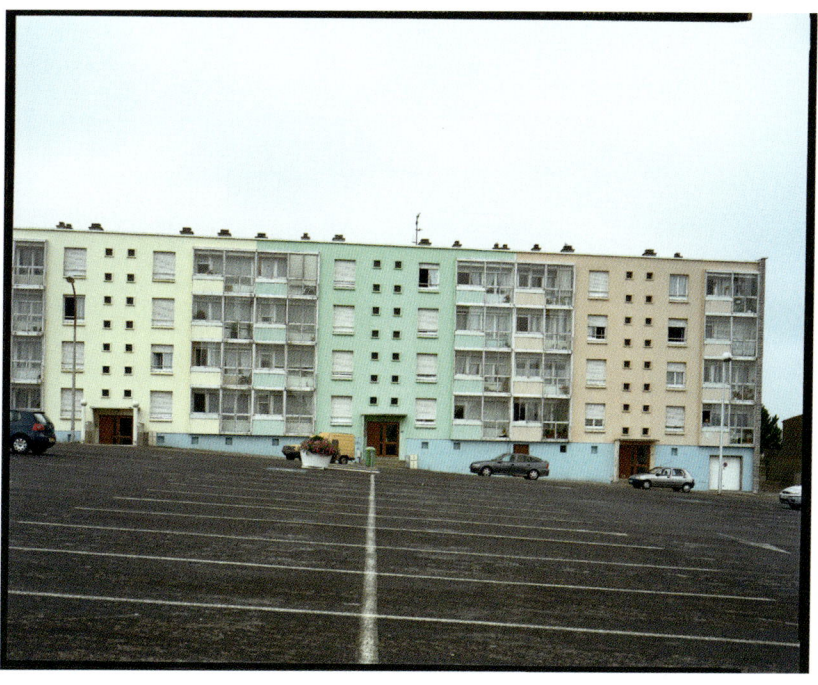

Pas-de-Calais, Berck-sur-Mer. | 43

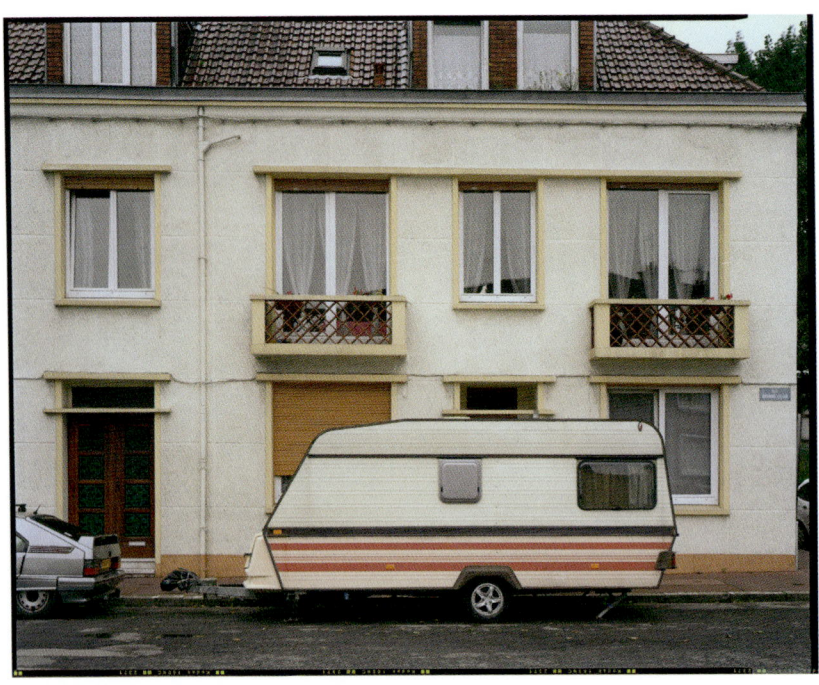

44 | Pas-de-Calais, Calais.

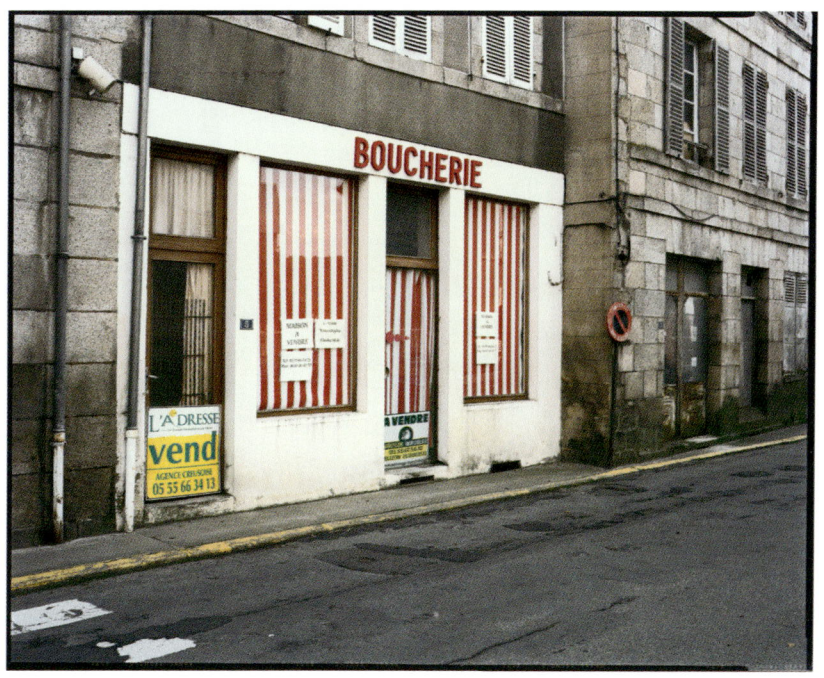

Creuse, Felletin. | 45

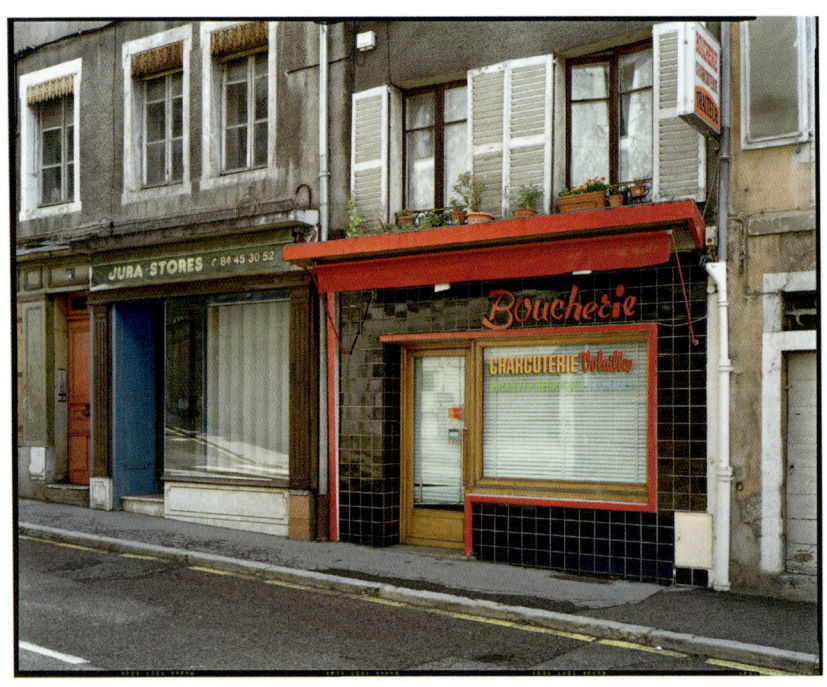

46 | Jura, Saint-Claude.

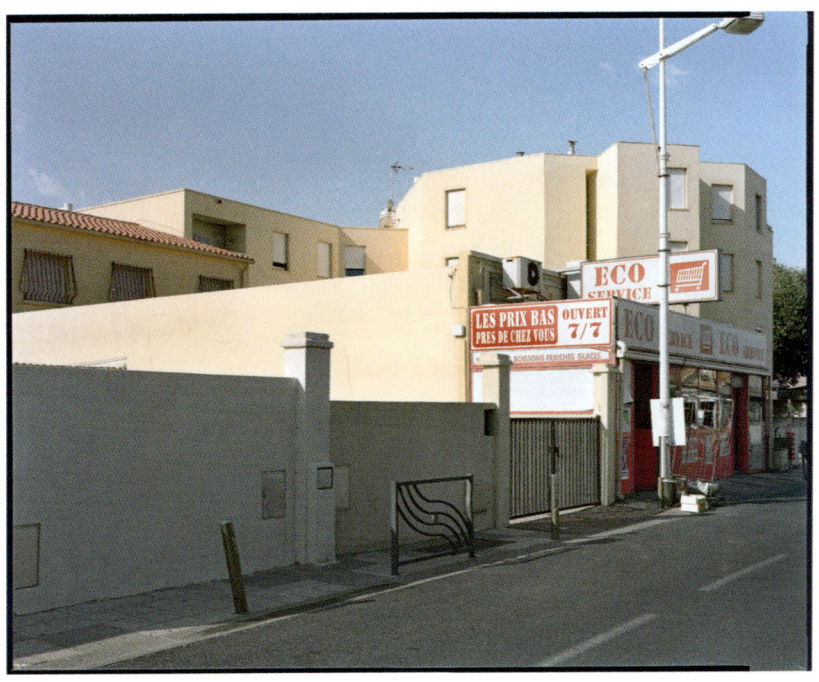

Hérault, Carnon-Plage. | 47

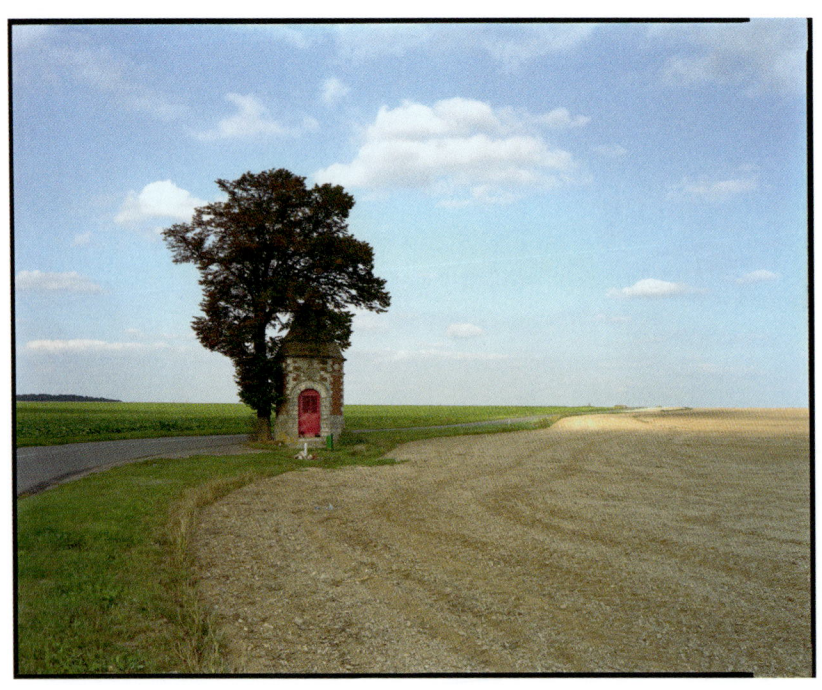

48 | Pas-de-Calais.

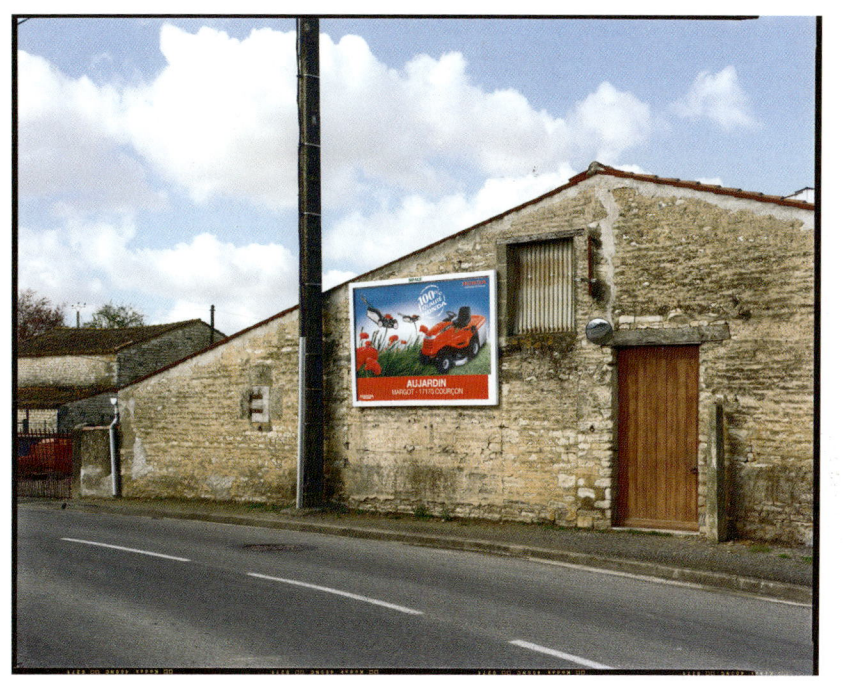

Charente-Maritime, Saint-Cyr-du-Doret. | 49

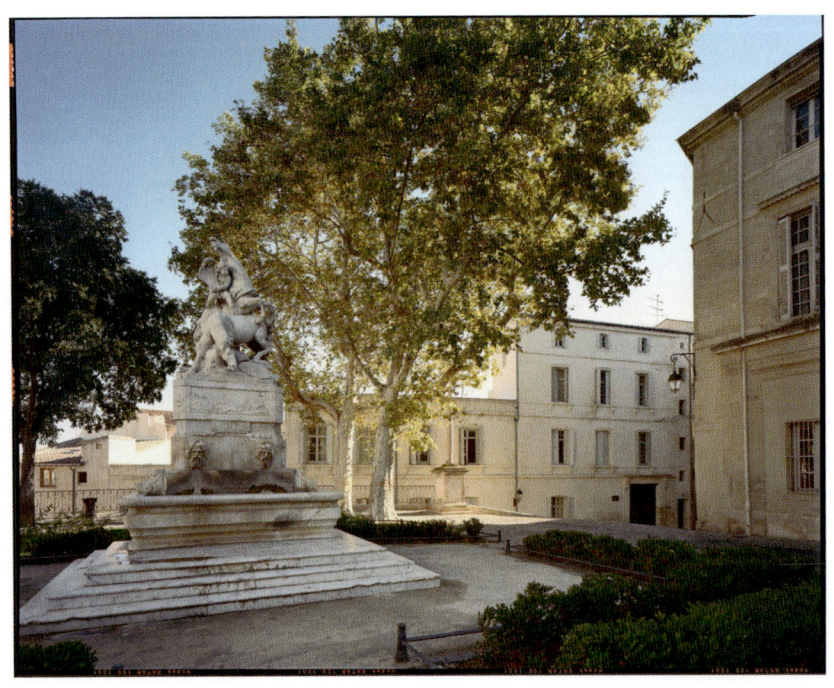

50 | Hérault, Montpellier.

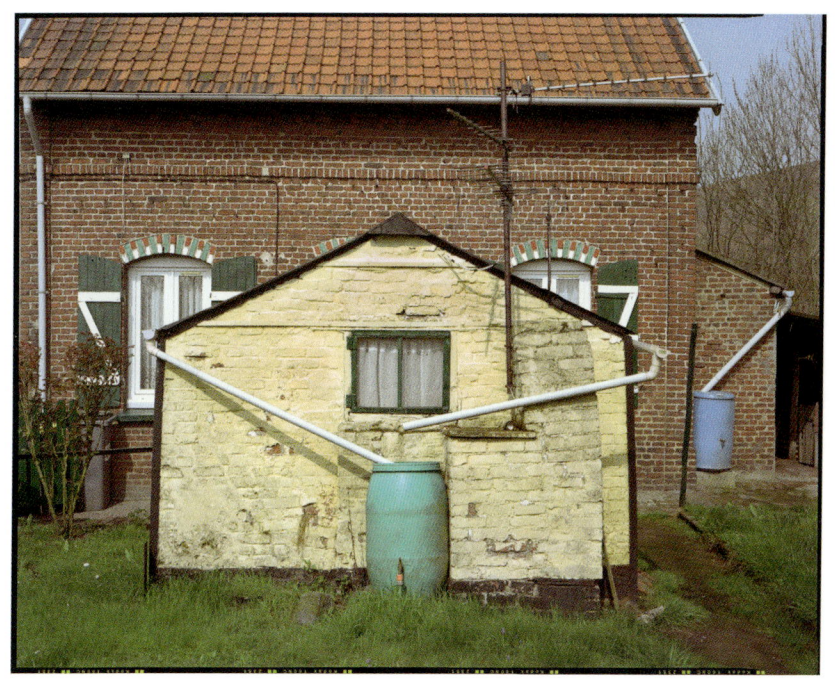

Pas-de-Calais, Verquin. | 51

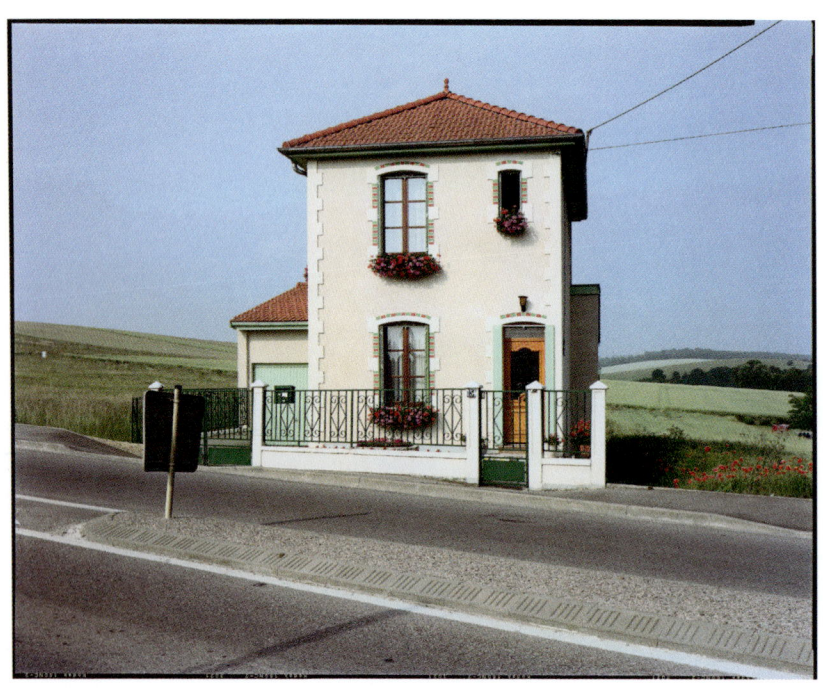

52 | Meuse, Commercy.

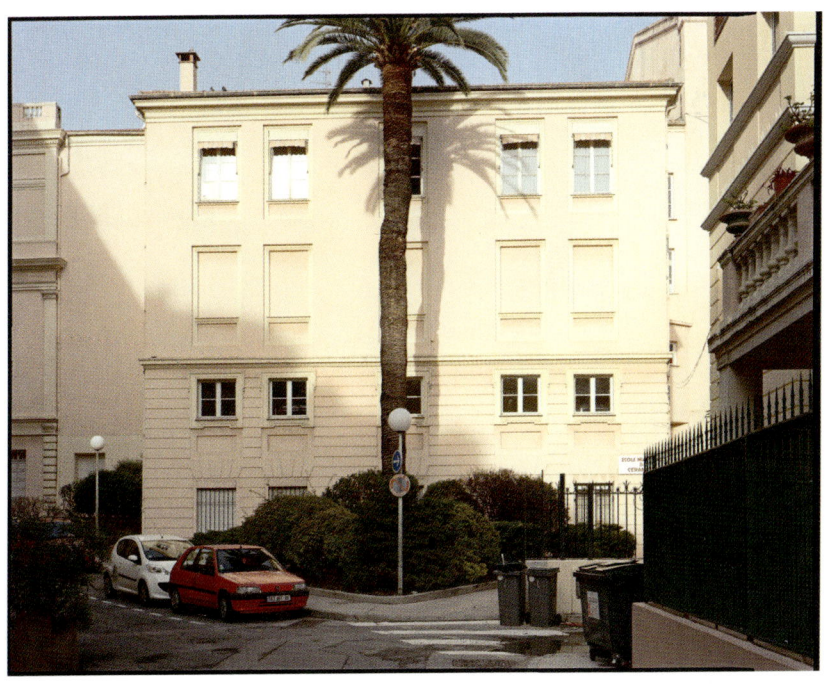

Alpes-Maritimes, Menton.

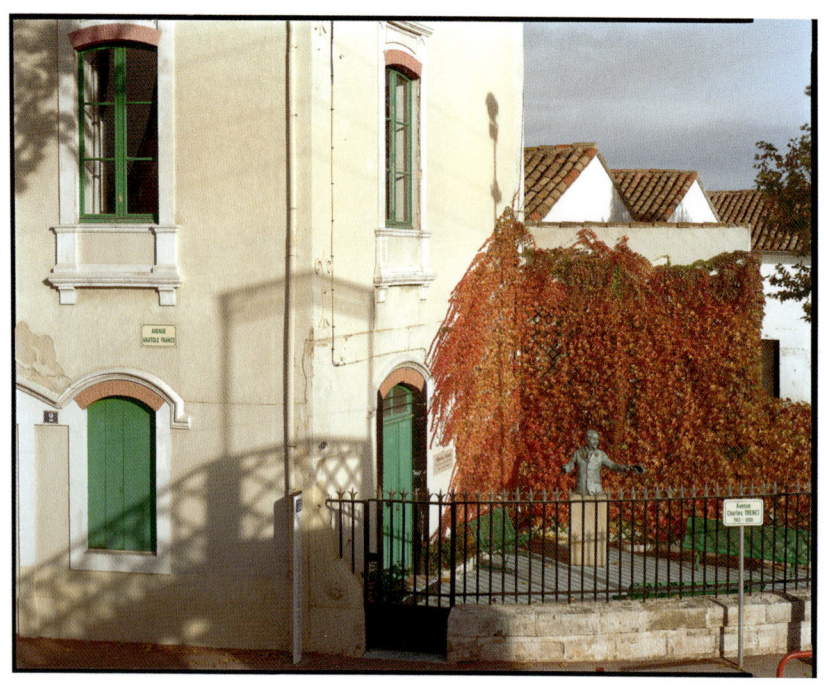

54 | Aude, Narbonne.

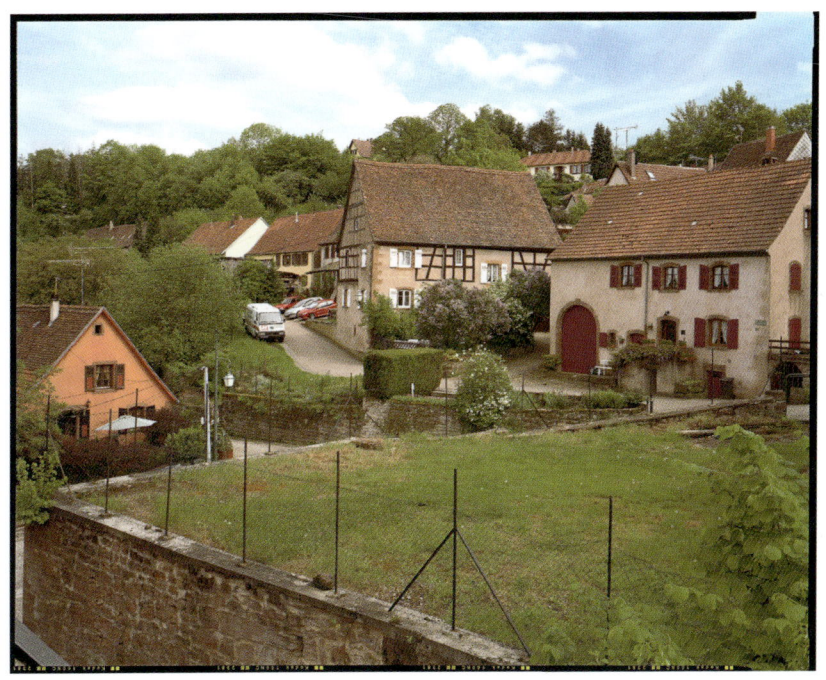

Bas-Rhin, Ingwiller. | 55

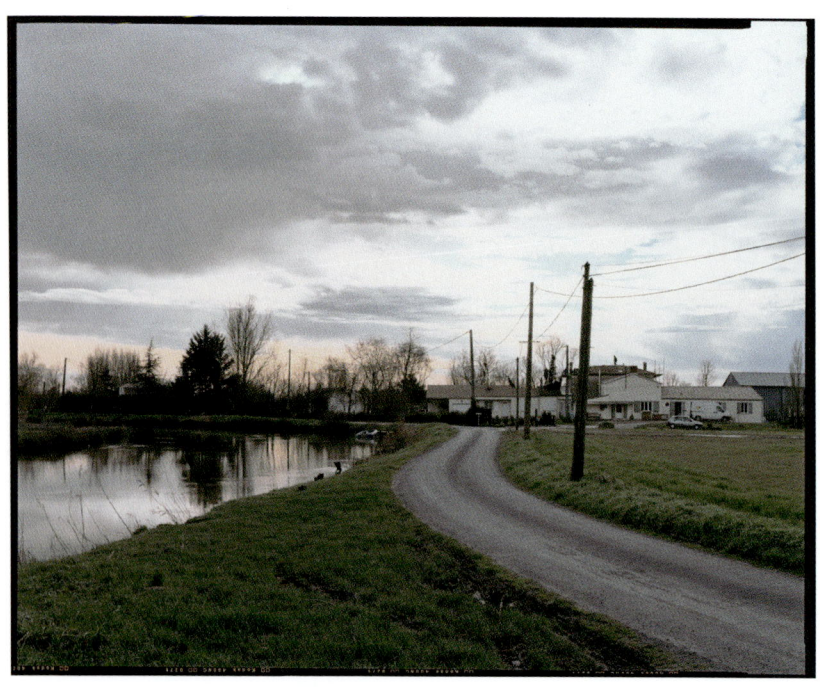

56 | Charente-Maritime, Le Marais poitevin.

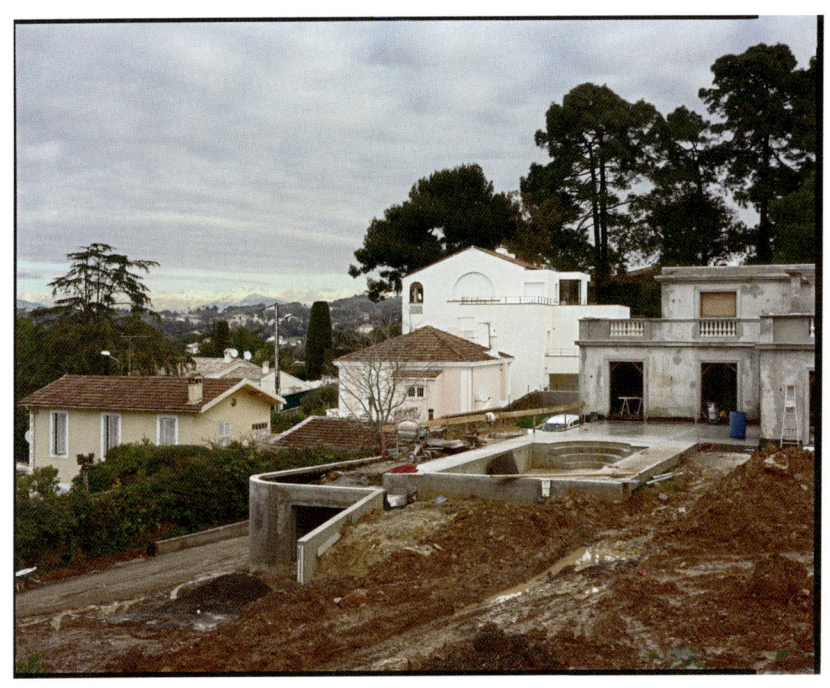

Alpes-Maritimes, Eden-Roc. I 57

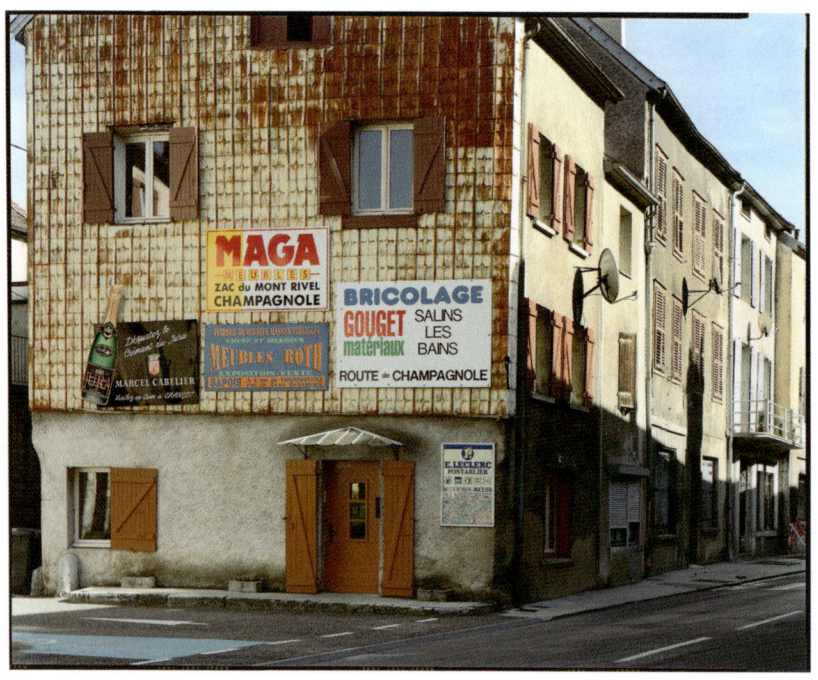

58 | Jura, Salins-les-Bains.

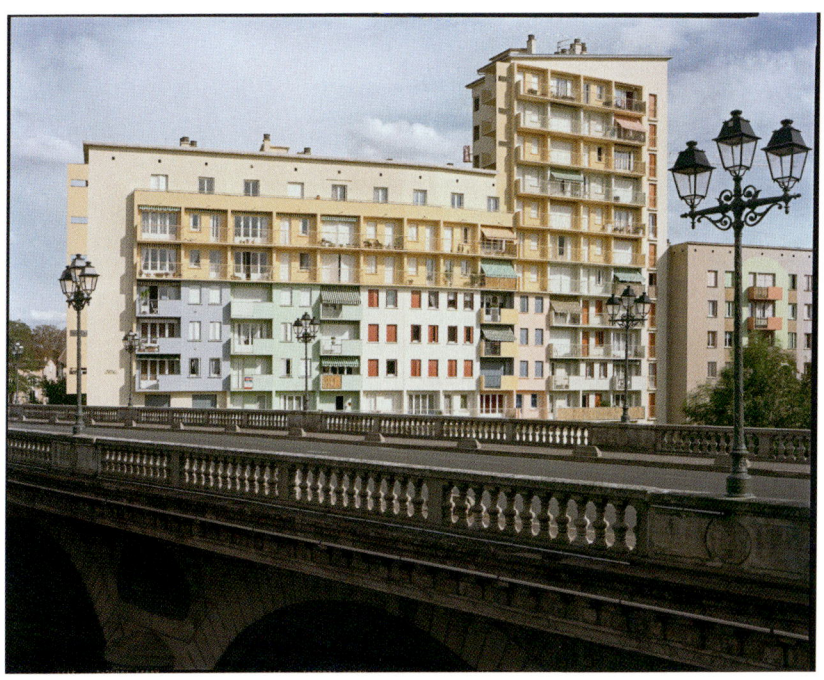

Tarn, Castres. | 59

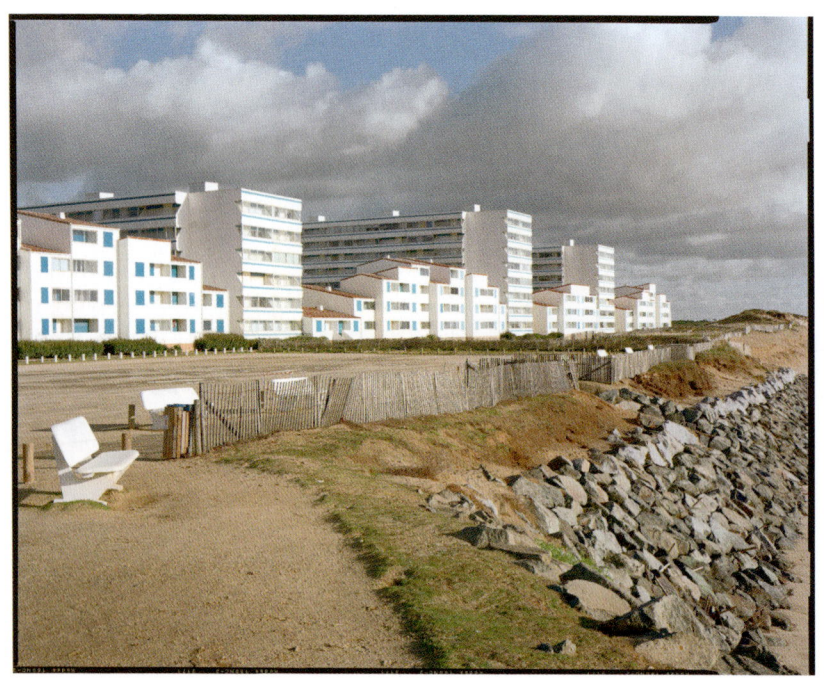

60 | Vendée, Saint-Hilaire-de-Riez.

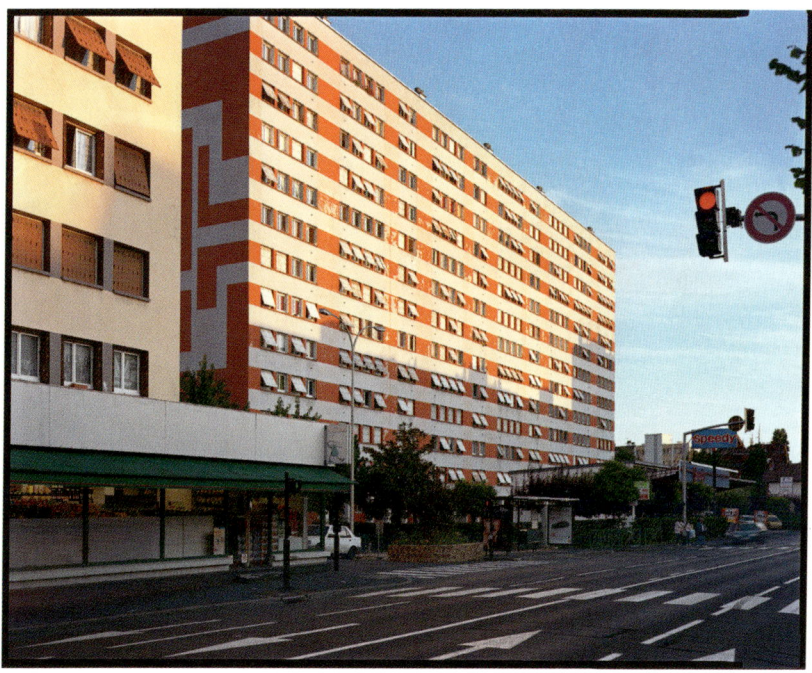

Cantal, Aurillac. I 61

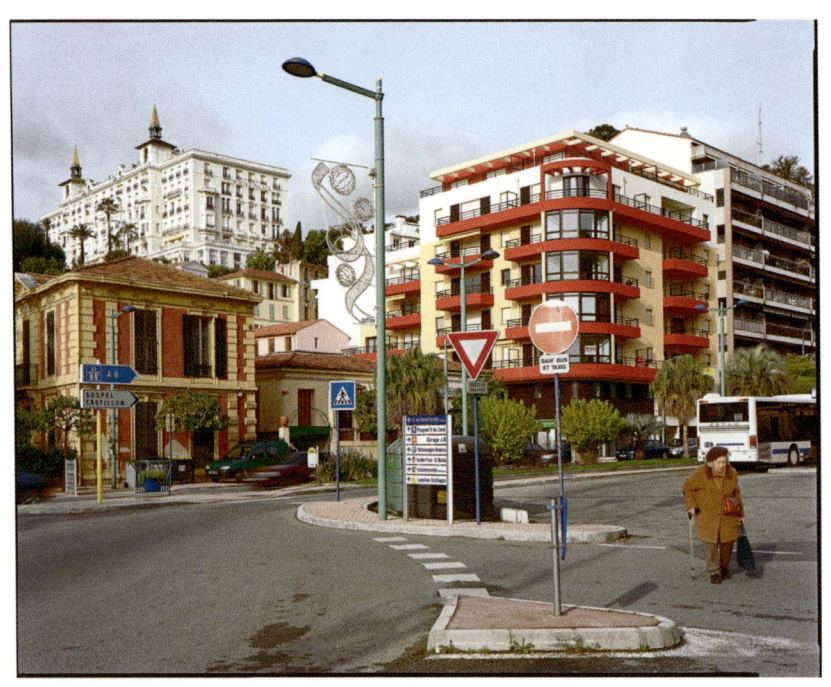

62 | Alpes-Maritimes, Menton.

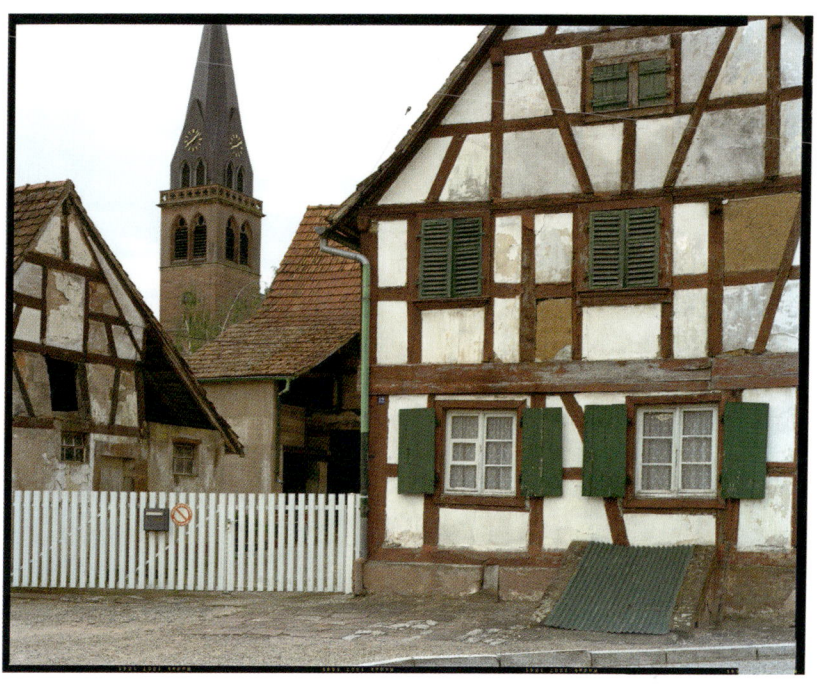

Bas-Rhin, Ingwiller. | 63

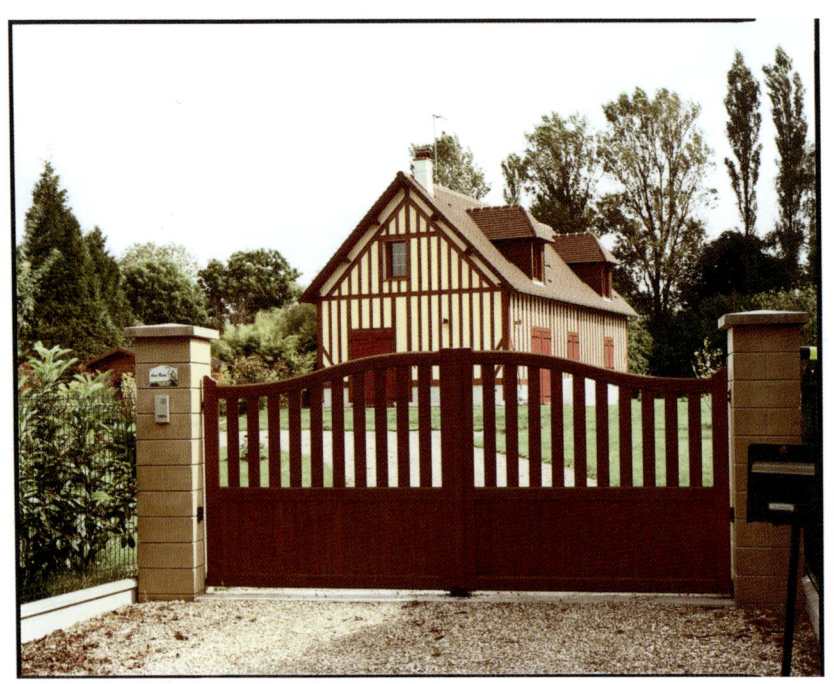

64 | Calvados, Branville.

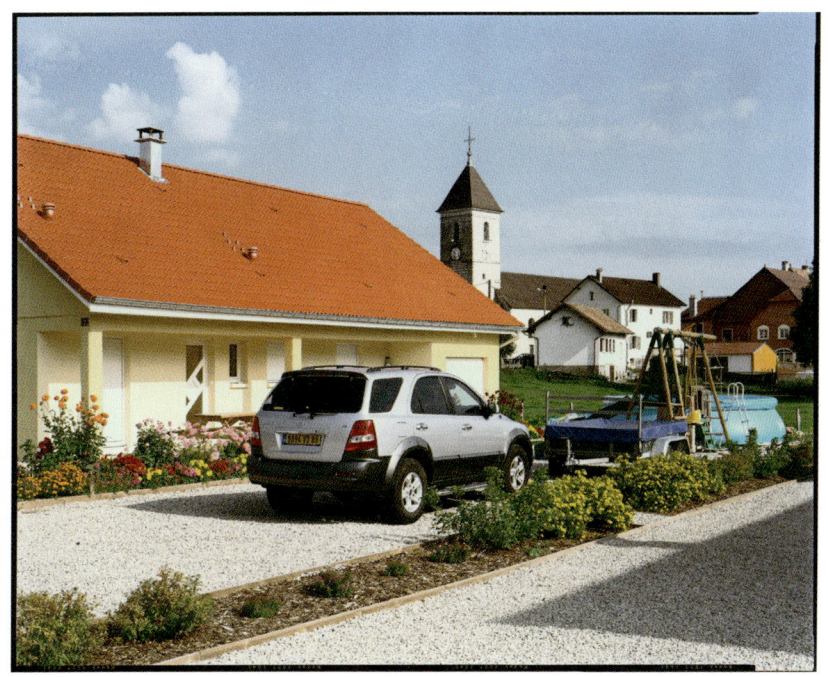

Doubs, Trévillers. | 65

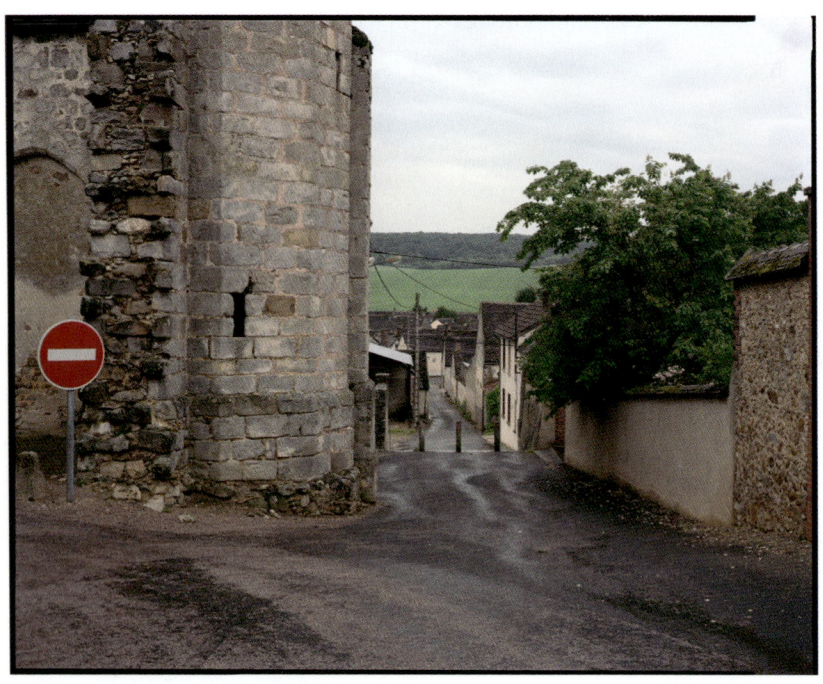

66 | Yonne, Saint-Martin-sur-Oreuse.

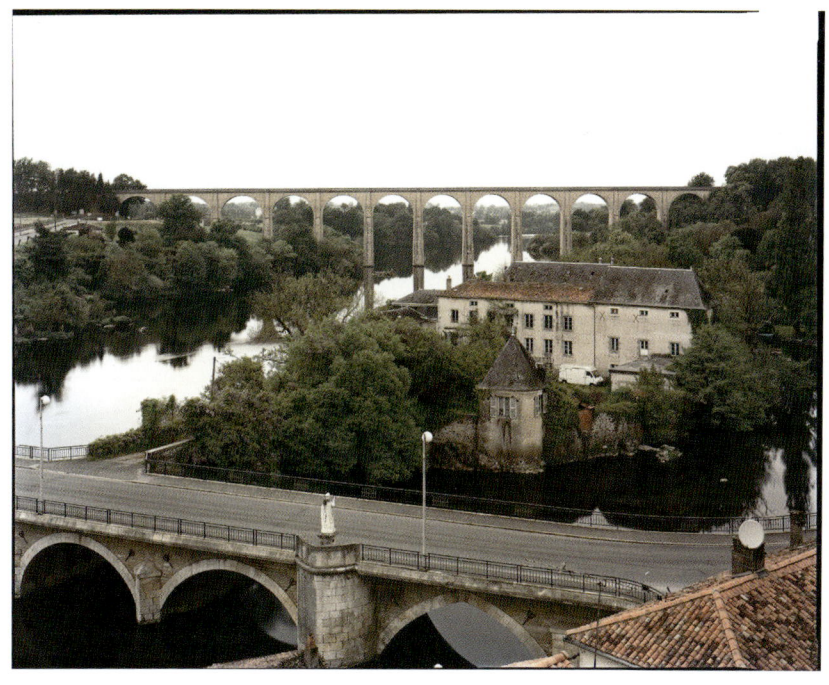

Vienne, L'Isle-Jourdain.

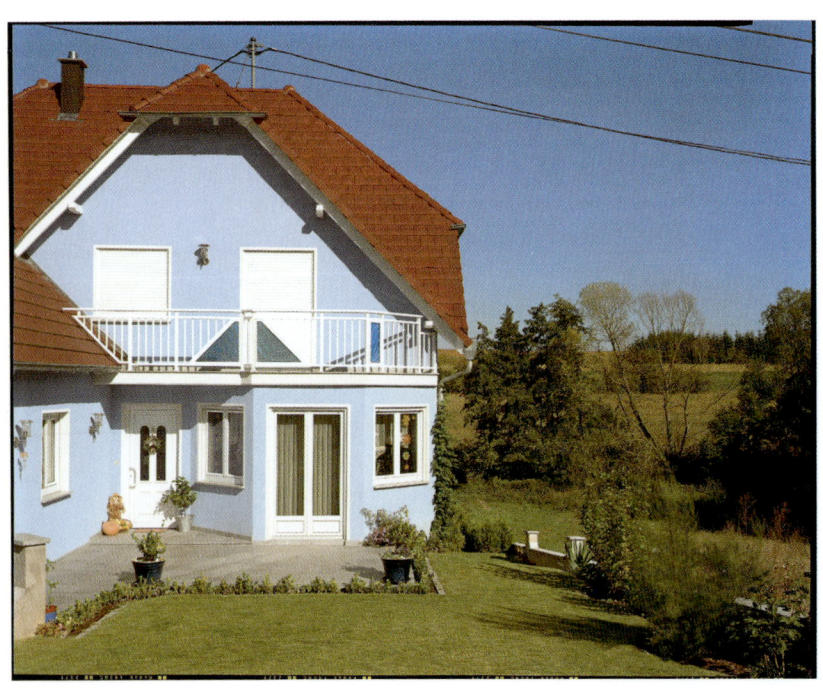

68 | Bas-Rhin, Neewiller.

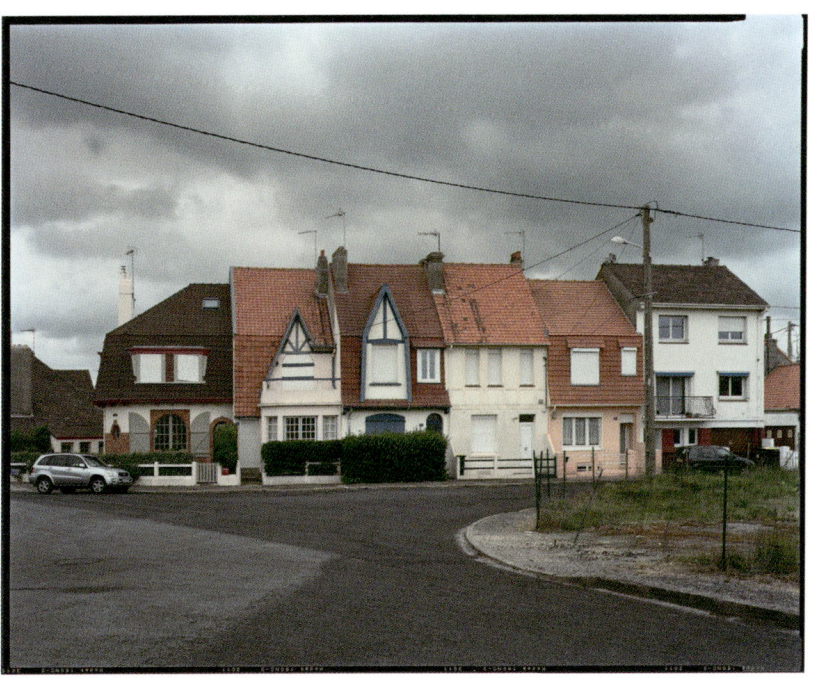

Pas-de-Calais, Le Touquet. | 69

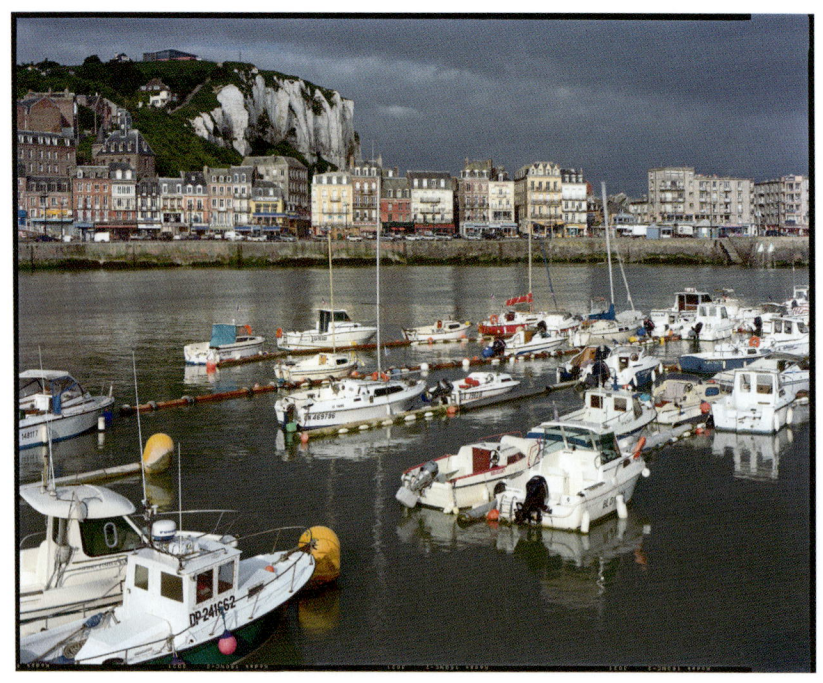

70 | Somme, Le Tréport vu de Mers-les-Bains.

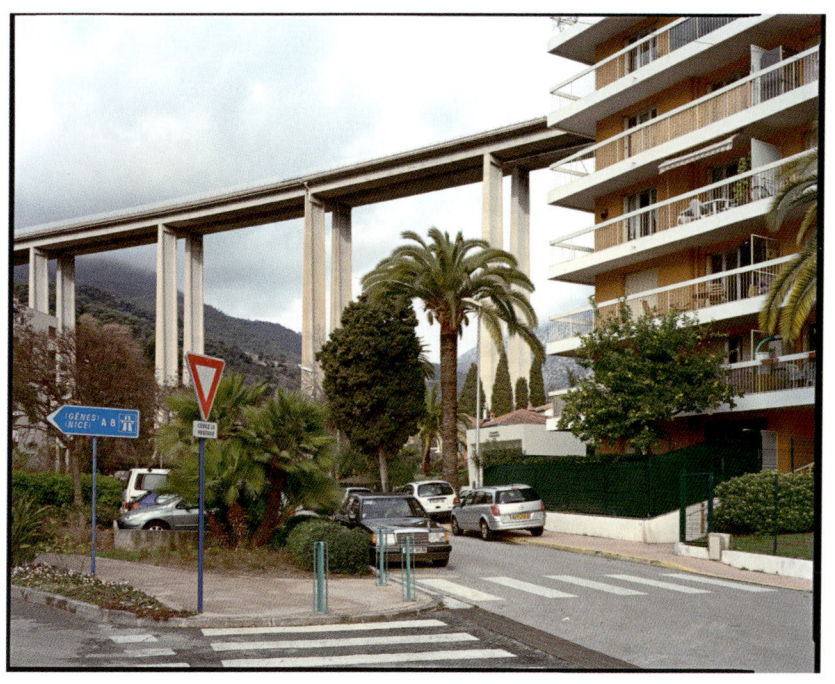

Alpes-Maritimes, Menton. | 71

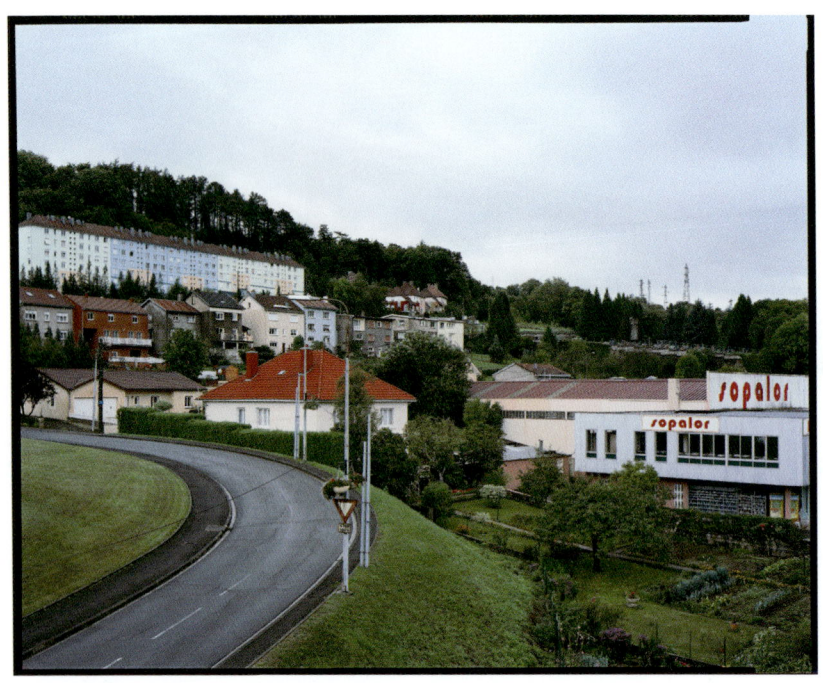

72 | Meuse, Rehon.

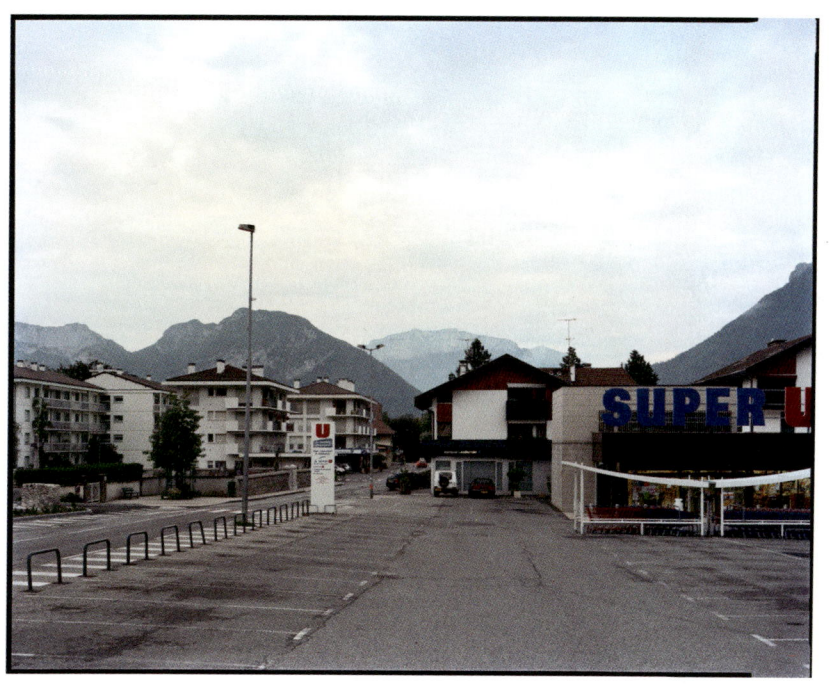

Haute-Savoie, Saint-Jorioz. I 73

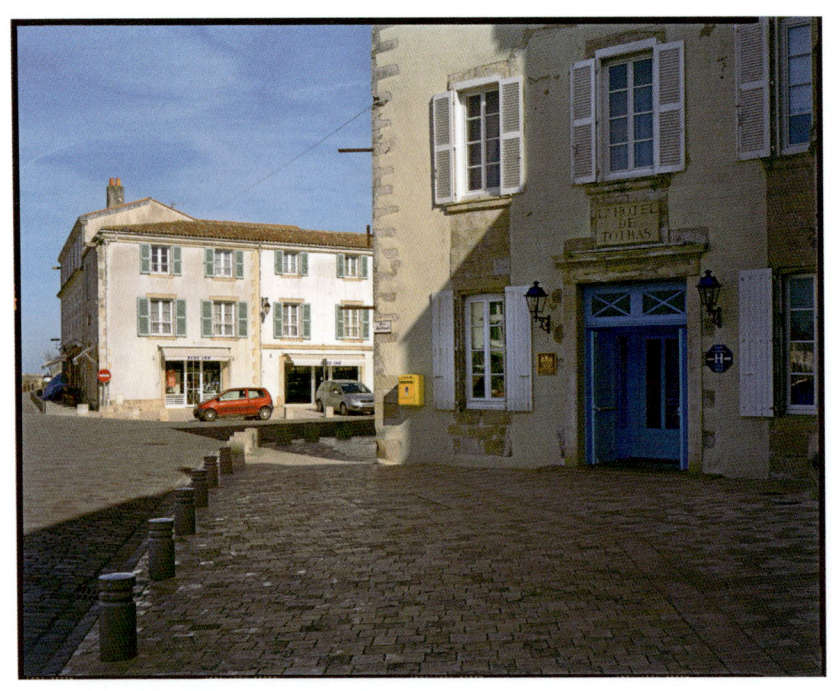

74 | Charente-Maritime, Saint-Martin-de-Ré.

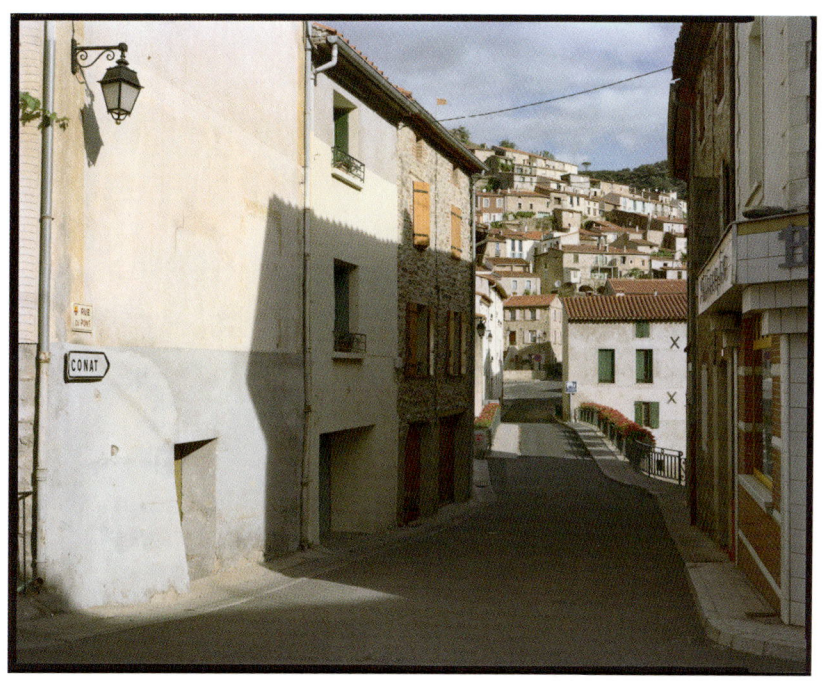

Pyrénées-Orientales, Ria. | 75

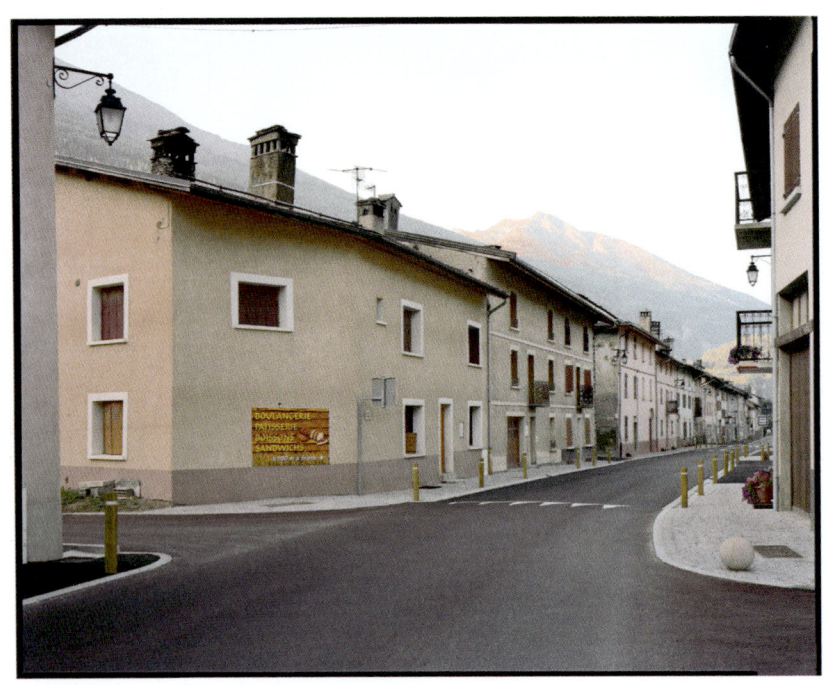

76 | Savoie, Bramans.

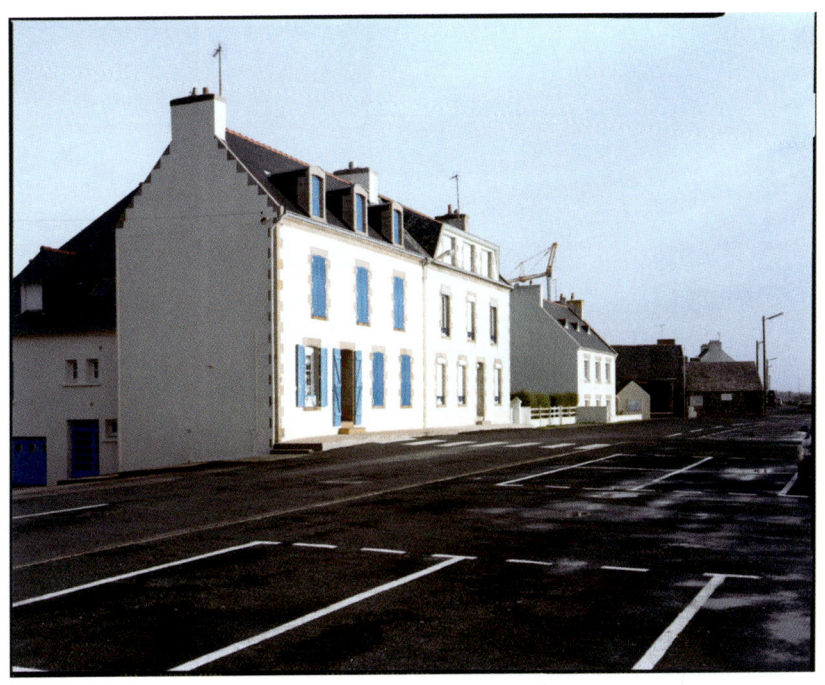

Finistère, Kérity. | 77

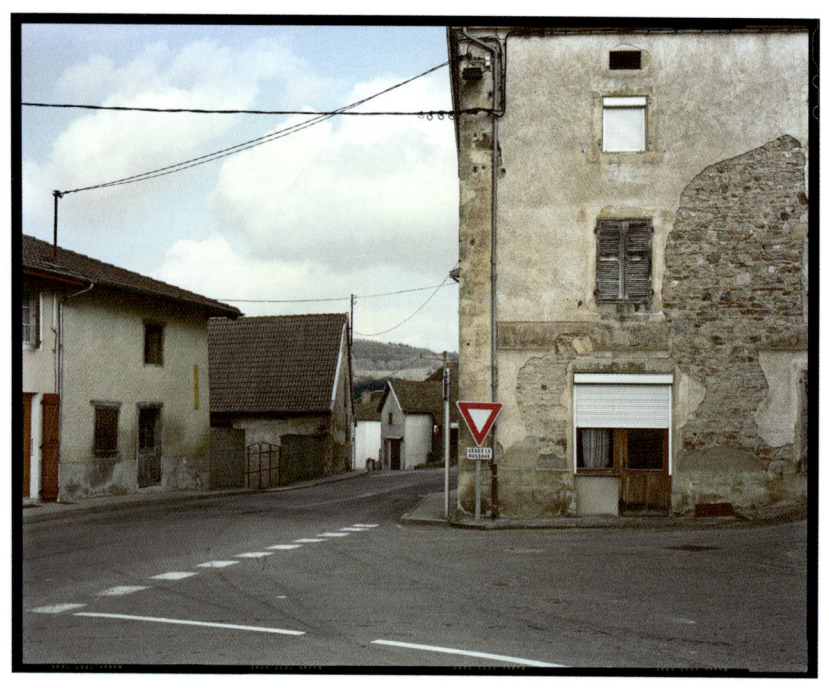

78 | Puy-de-Dôme, Aigueperse.

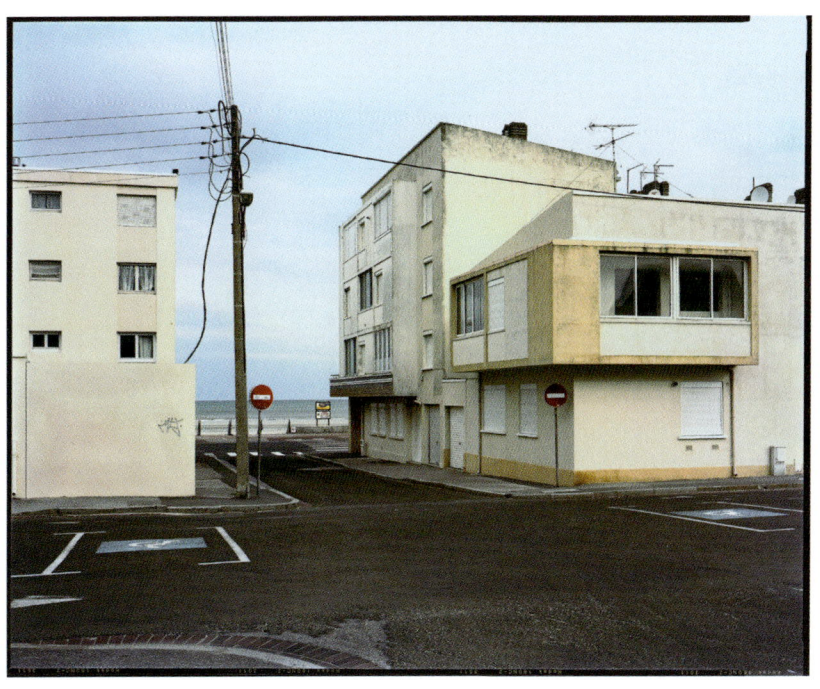

Pas-de-Calais, Berck-Plage. I 79

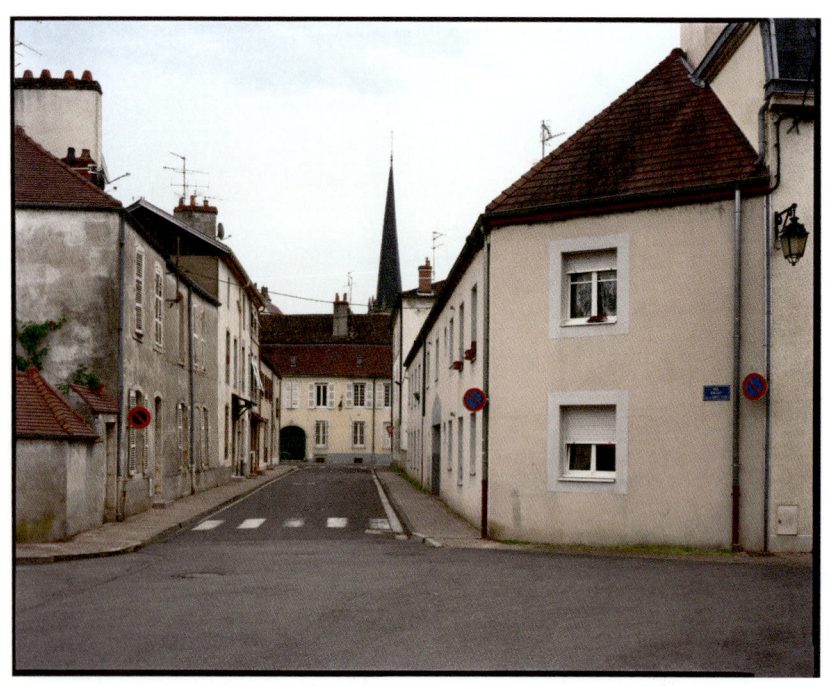

80 | Côte-d'or, Auxonne.

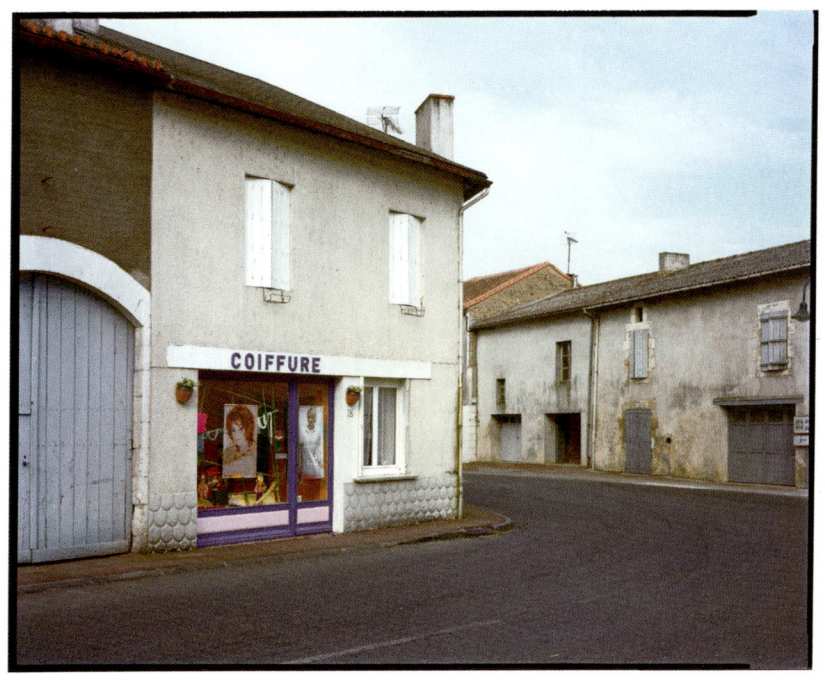

Vienne, Pressac. | 81

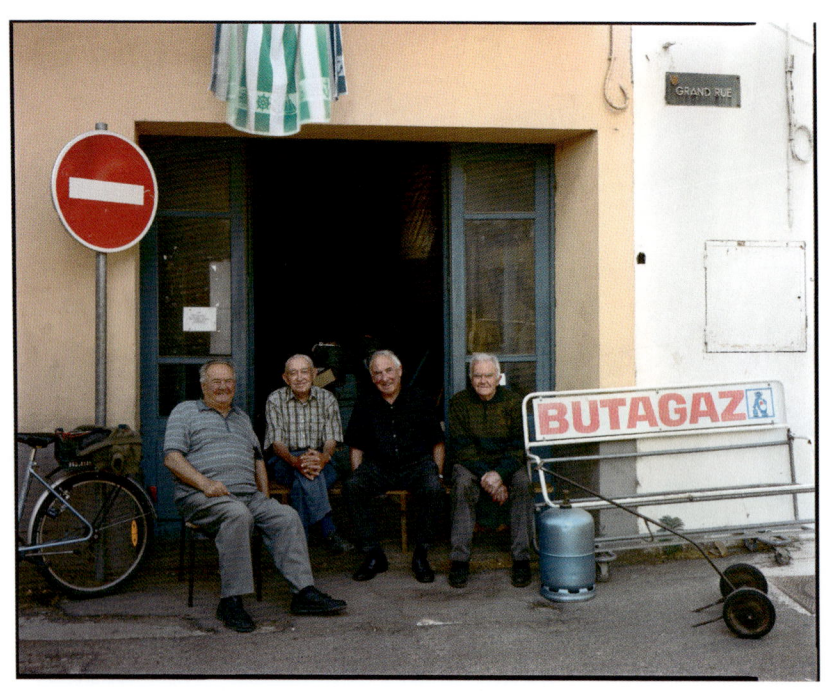

82 | Hérault, Canet.

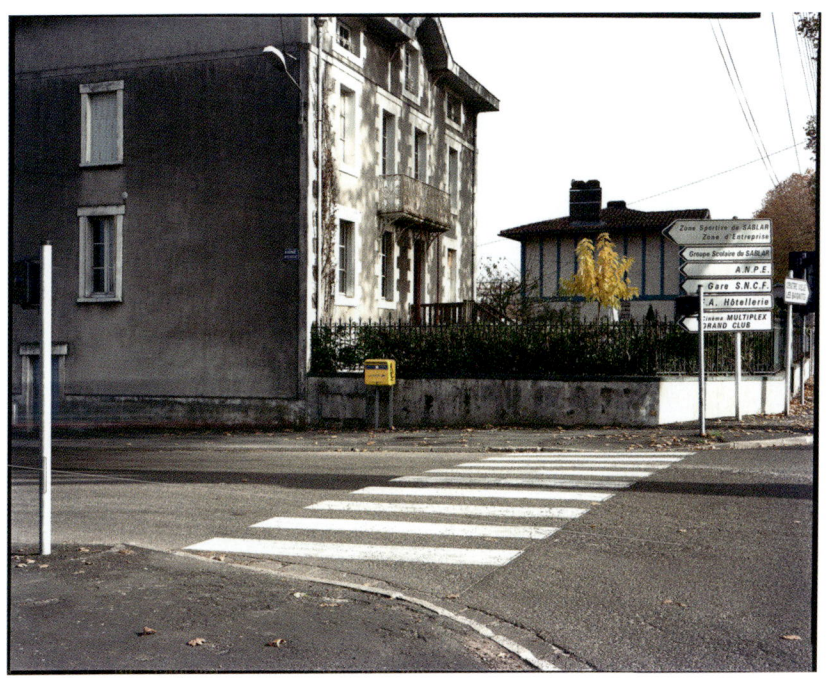

Landes, Dax. | 83

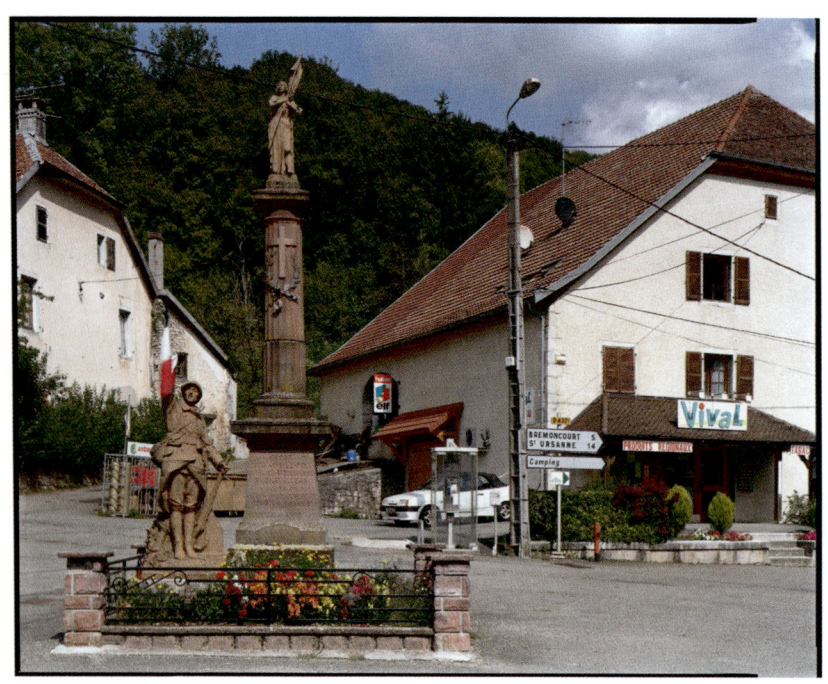

84 | Doubs, Glère.

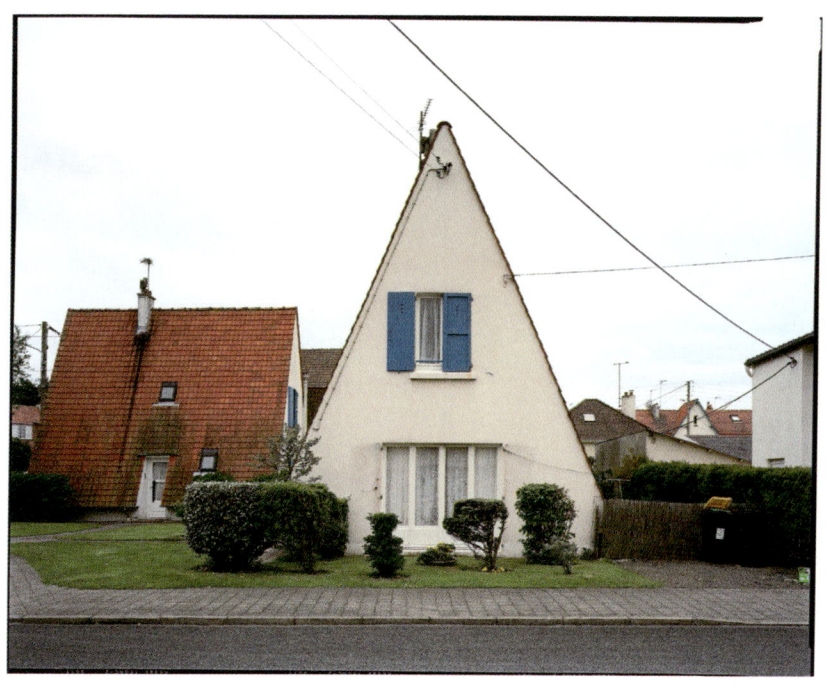

Pas-de-Calais, Le Touquet. | 85

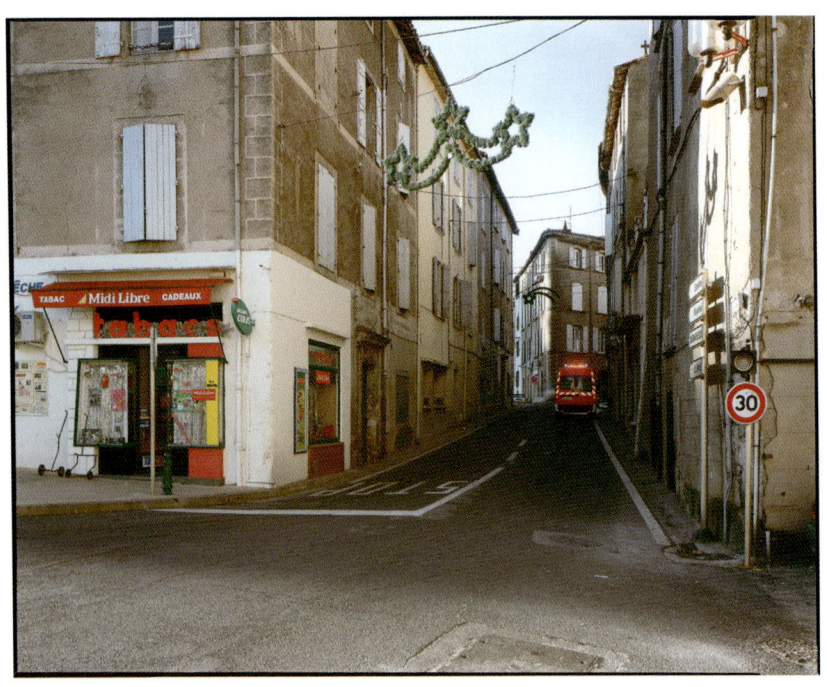

86 | Hérault, Lodève.

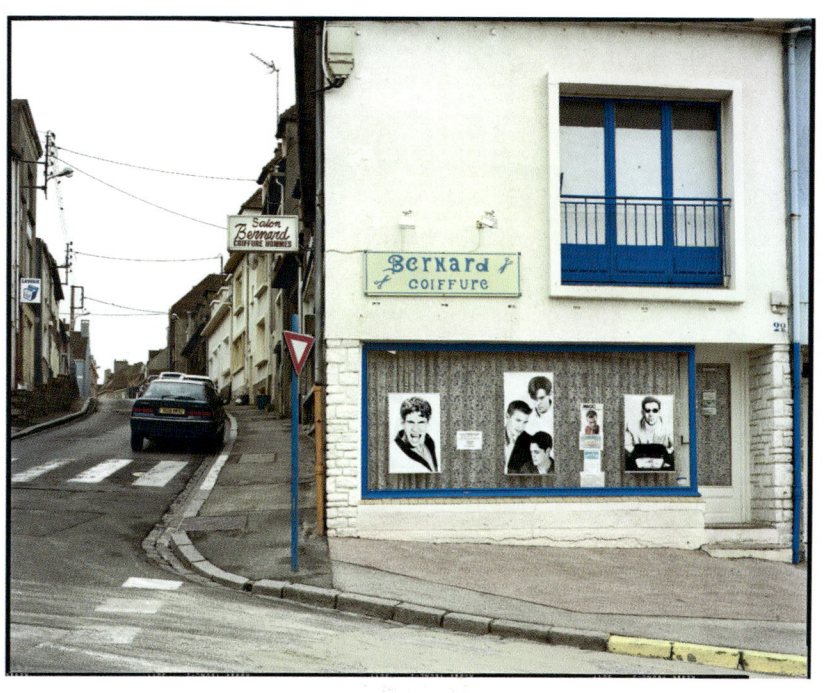

Pas-de-Calais, Le Portel. | 87

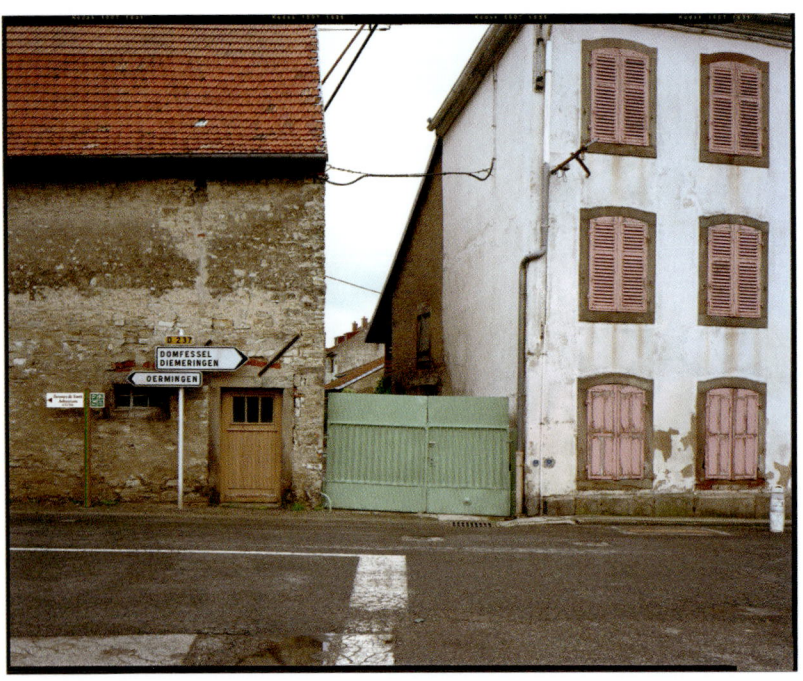

88 | Bas-Rhin, Sarre-Union.

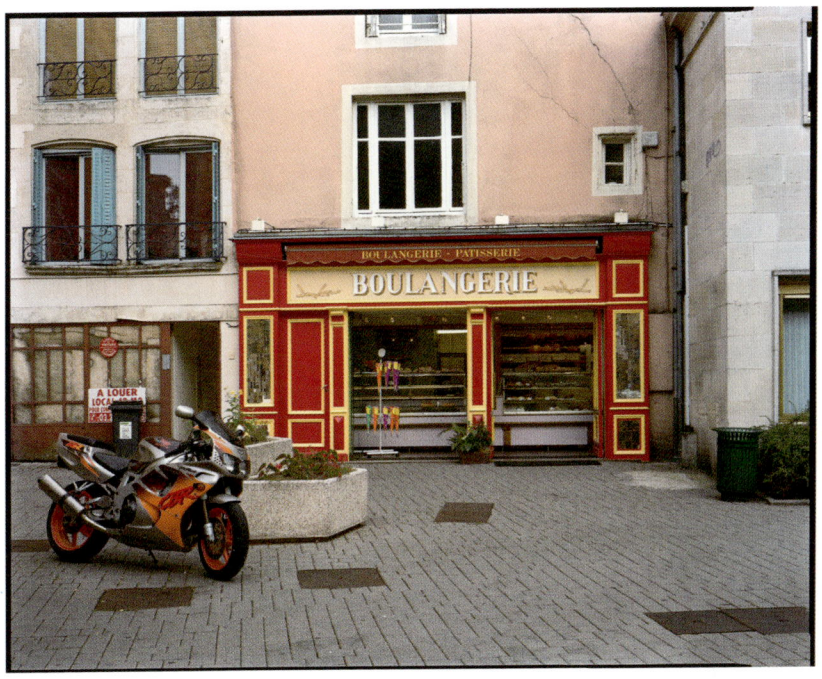

Haute-Marne, Chaumont. | 89

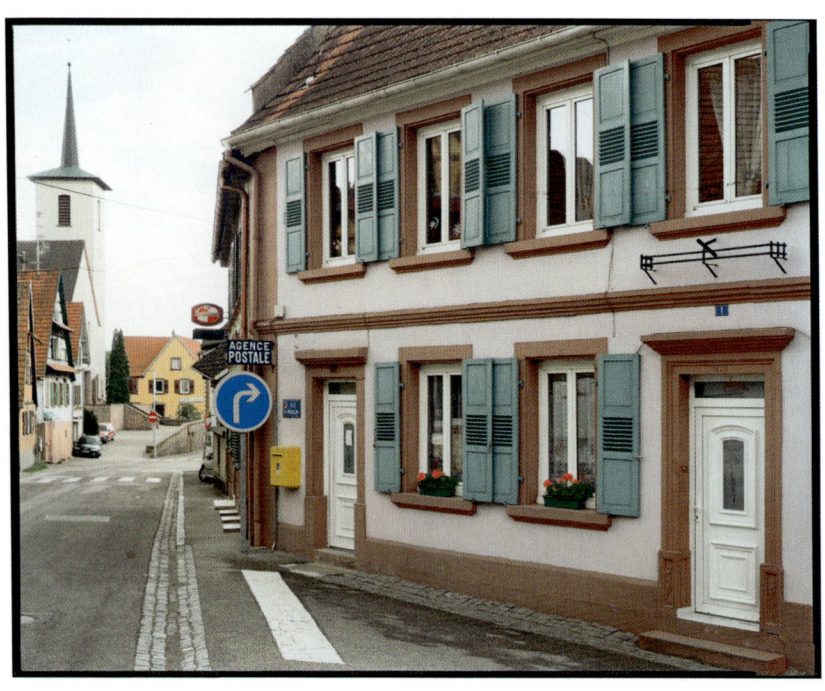

90 | Bas-Rhin, Rothbach.

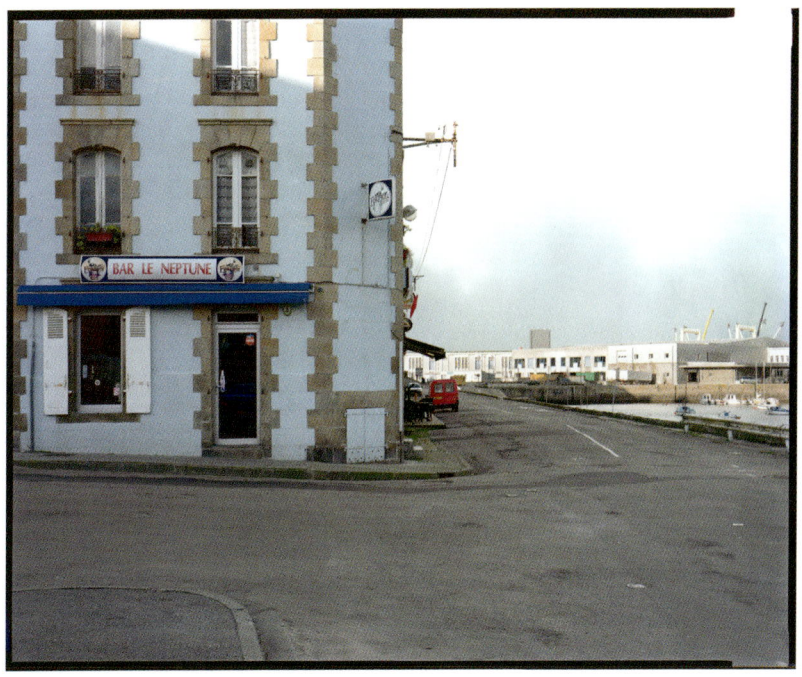

Finistère, Douarnenez. | 91

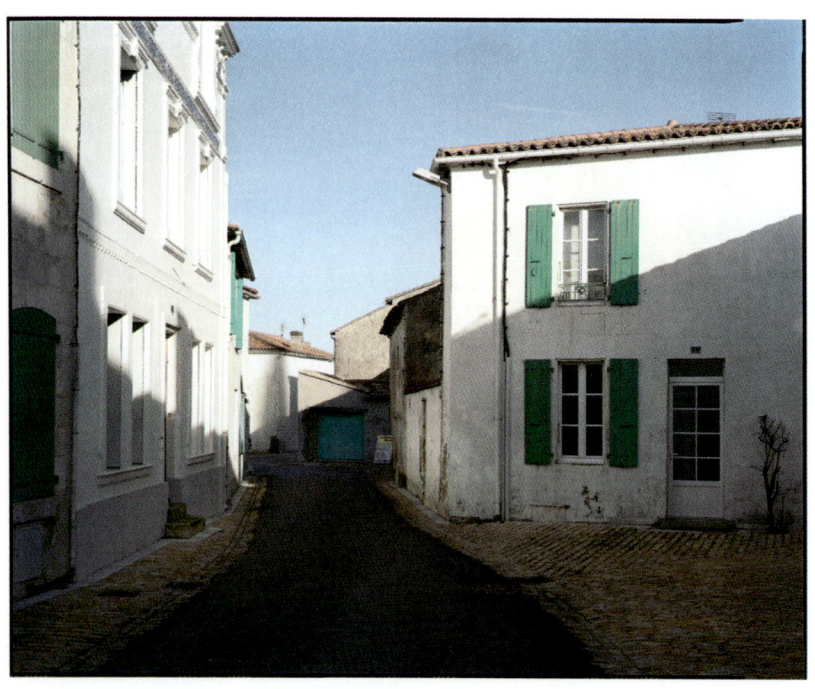

92 | Charente-Maritime, Sainte-Marie-de-Ré.

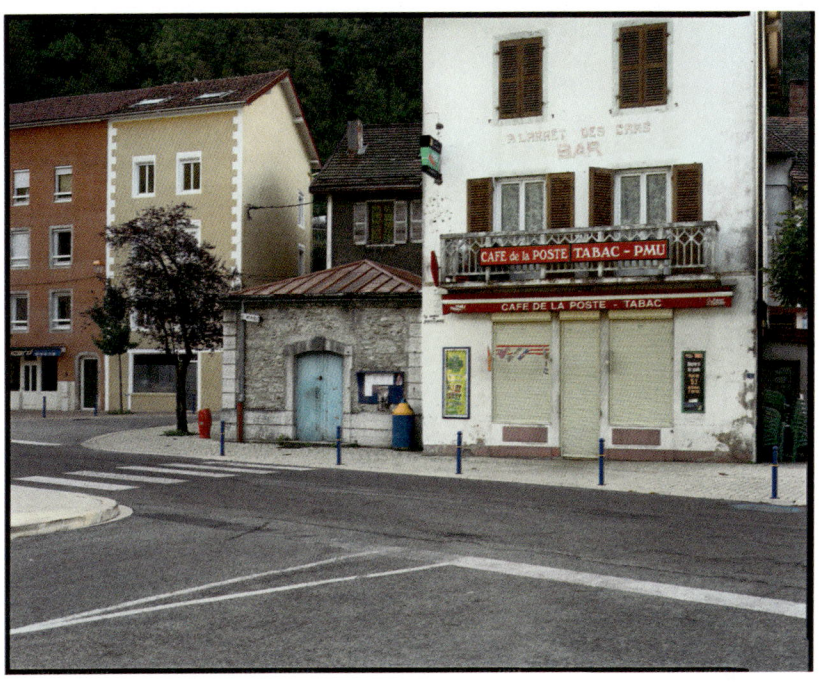

Jura, Moirans-en-Montagne. | 93

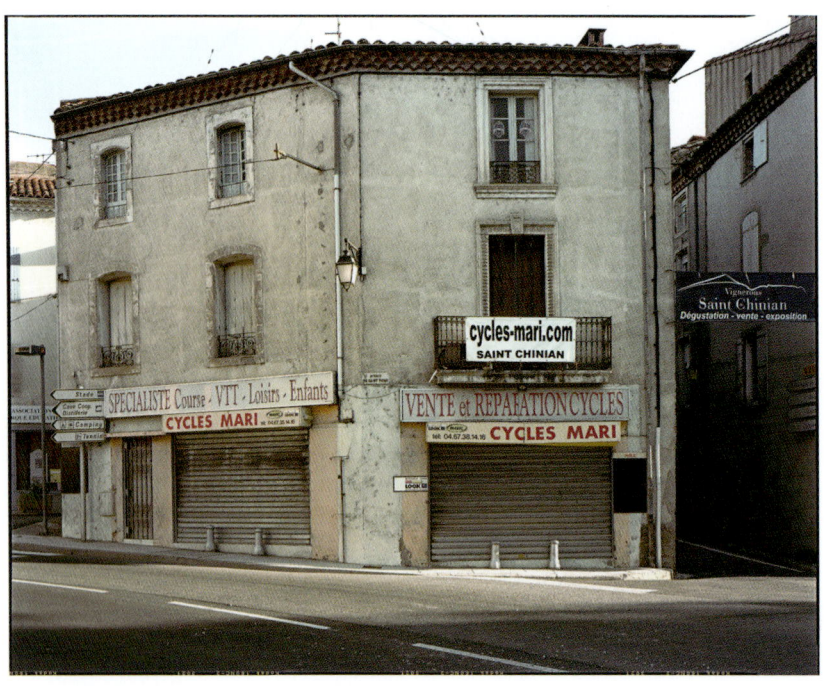

94 | Hérault, Saint-Chinian.

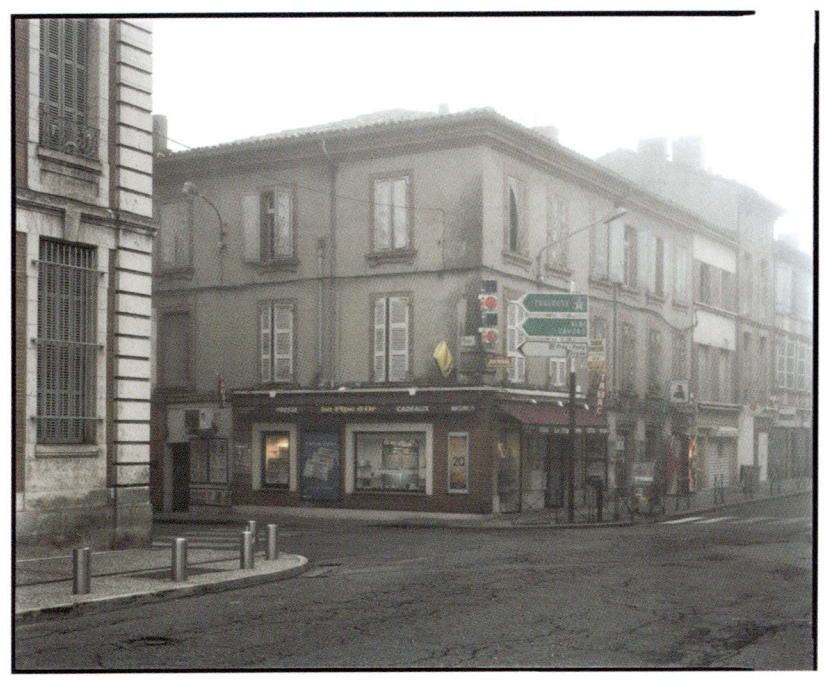

Tarn-et-Garonne, Montauban. I 95

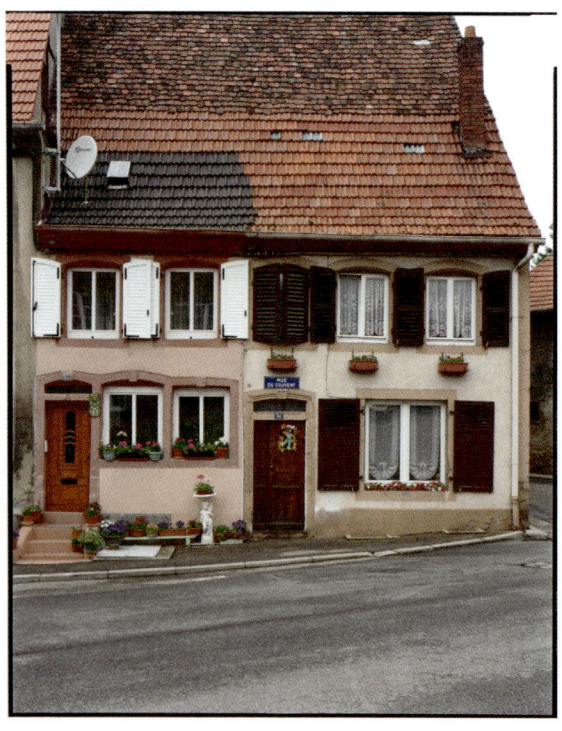

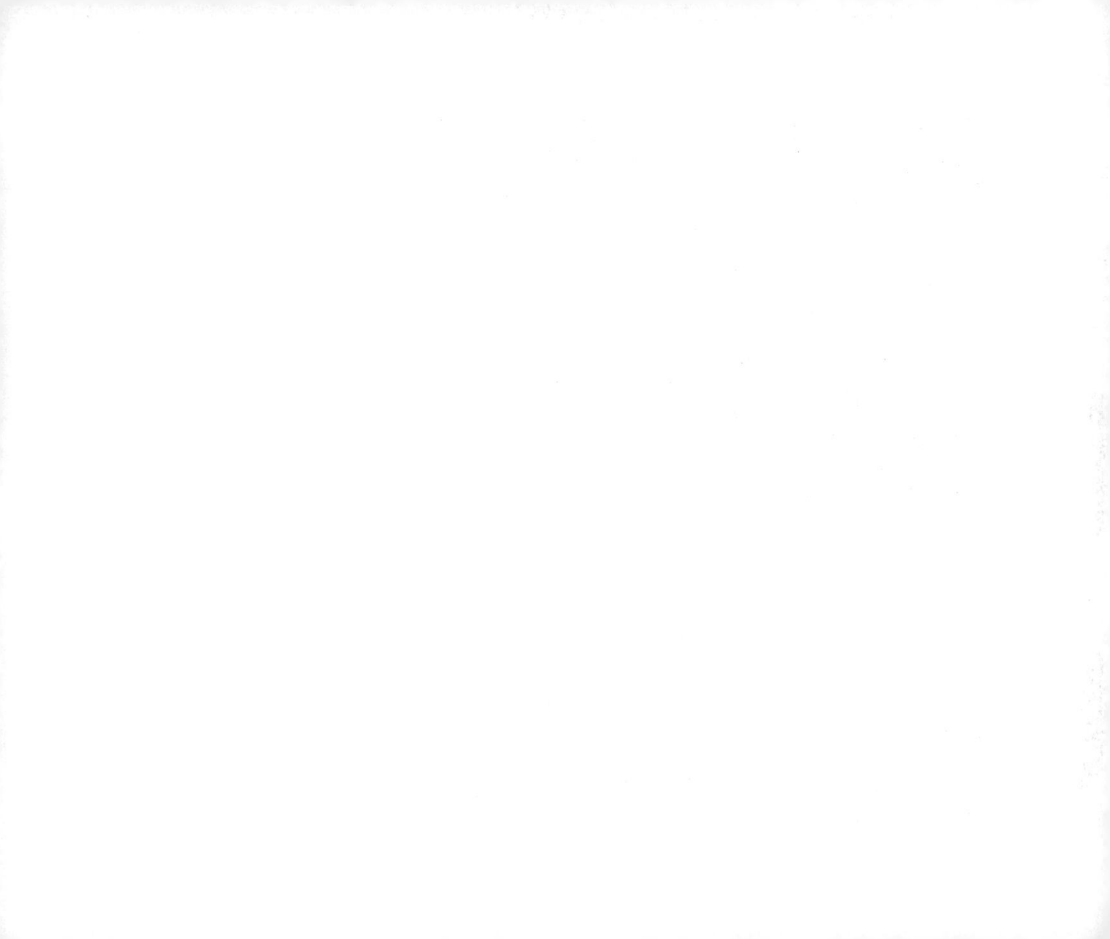

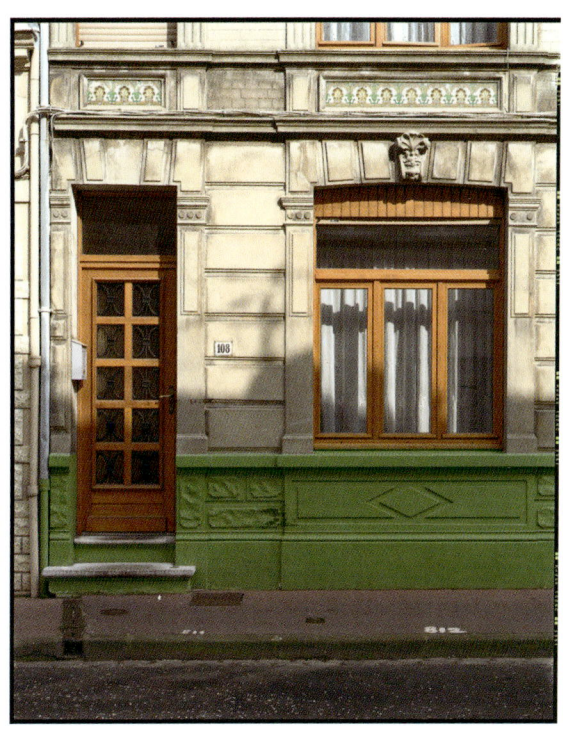

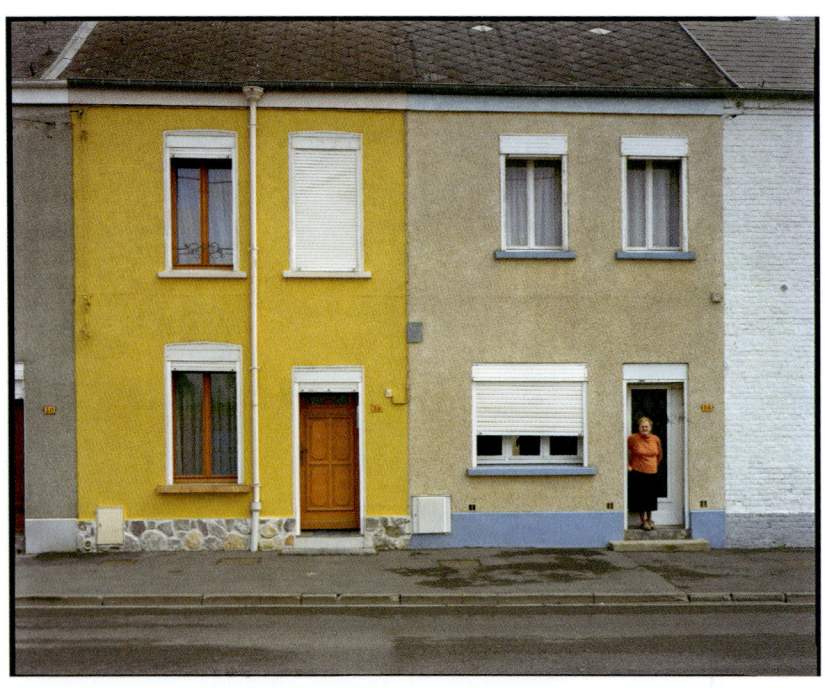

100 | Nord, Avesnes-sur-Helpe.

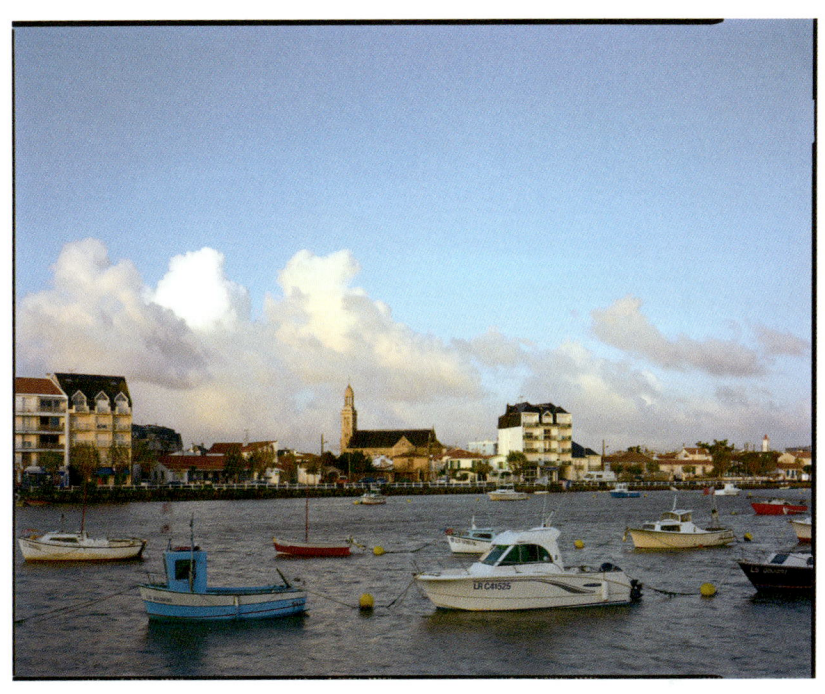

Vendée, Saint-Gilles-Croix-de-Vie. | 101

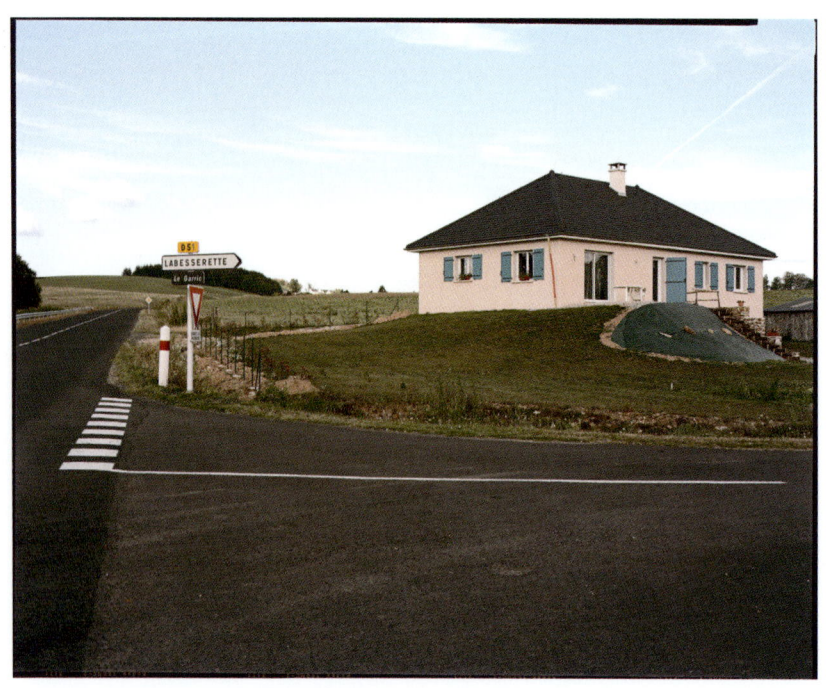

102 | Cantal, Lacapelle-Del-Fraisse.

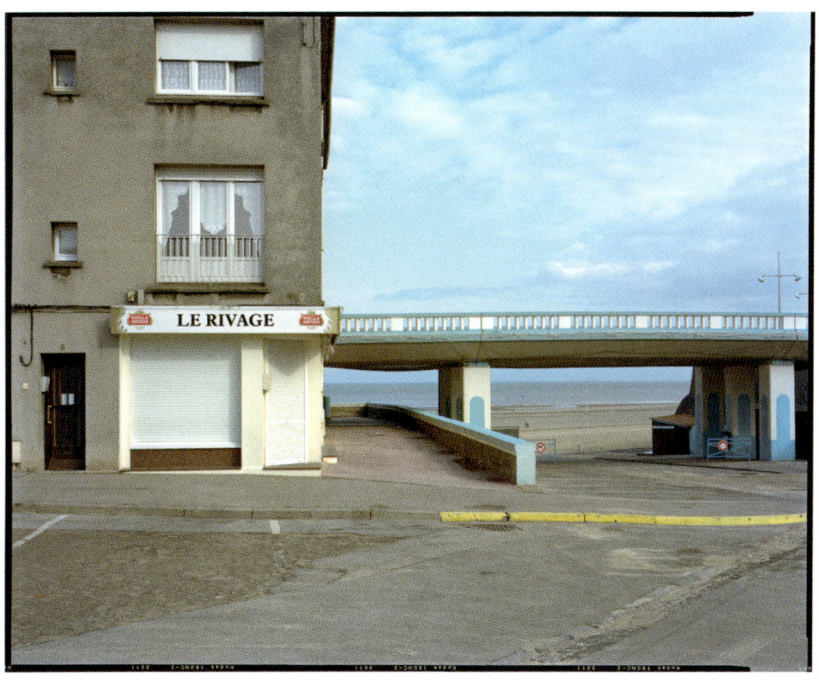

Pas-de-Calais, Le Portel. | 103

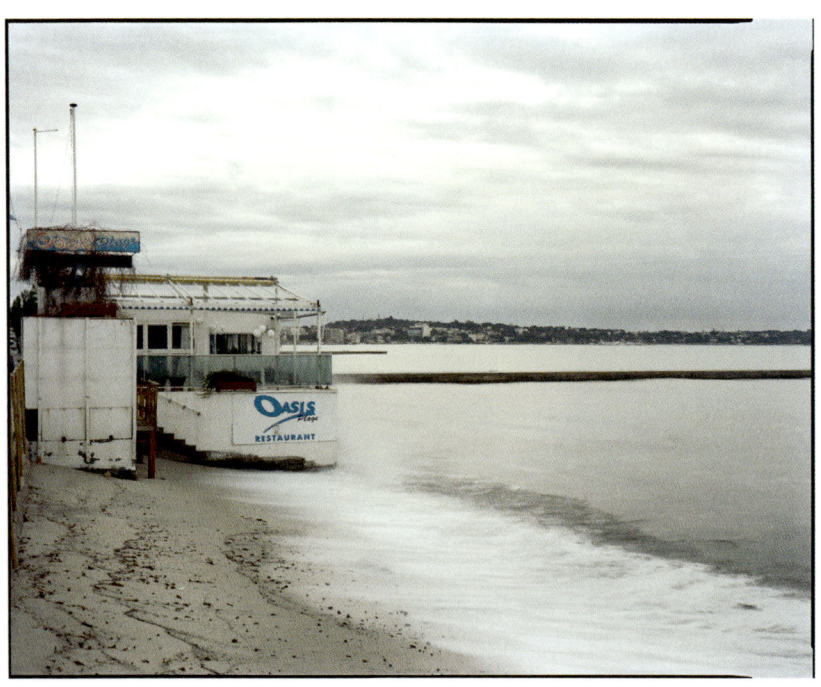

104 | Alpes-Maritimes, Juan-les-Pins.

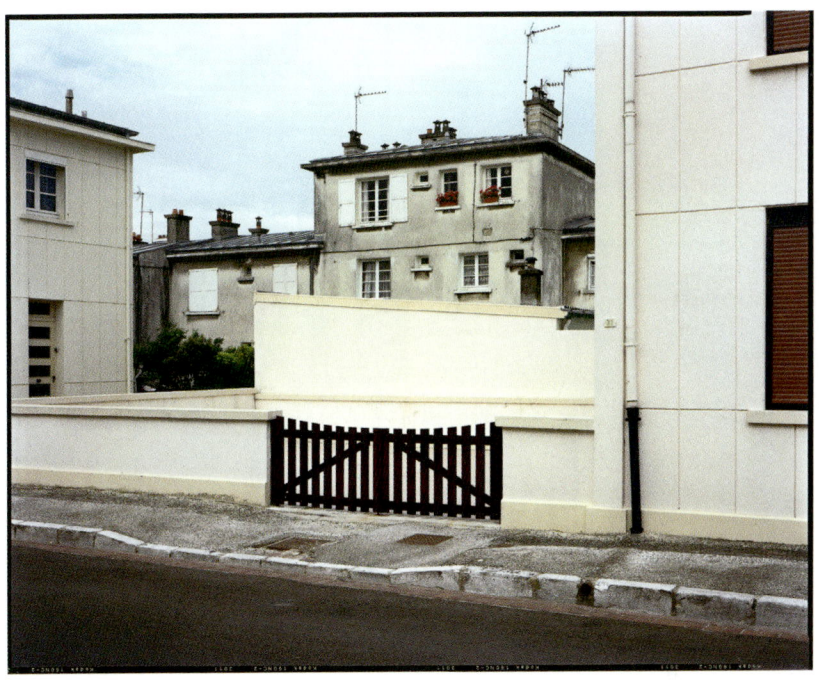

Pas-de-Calais, Berck-Plage. | 105

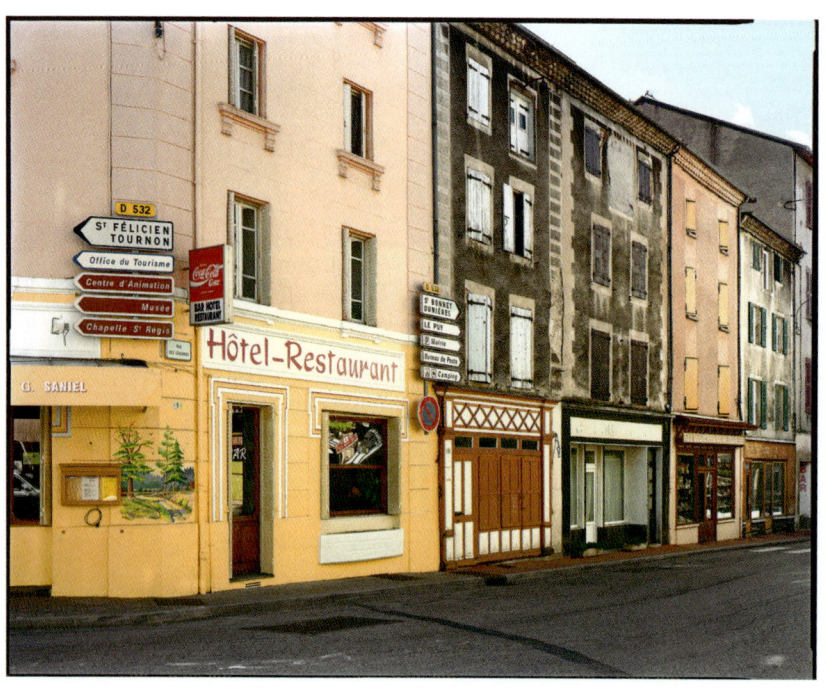

106 | Ardèche, Lalouvesc.

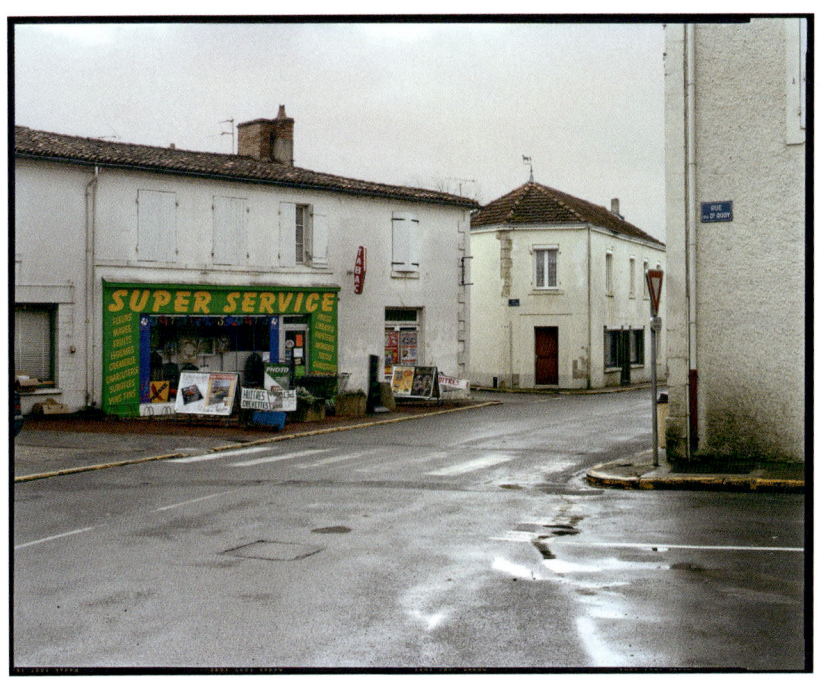

Charente-Maritime, Saint-Jean-de-Liversay. | 107

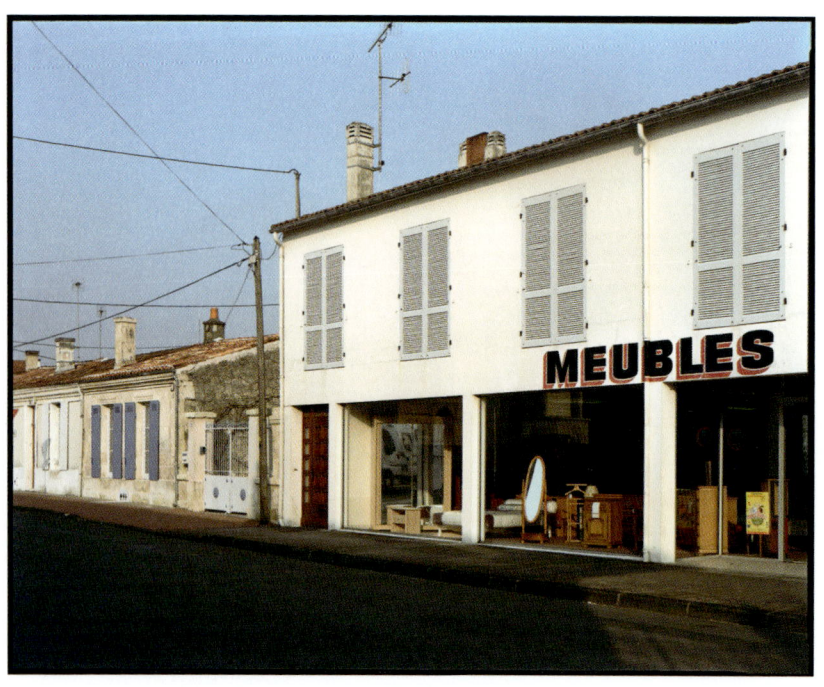

108 | Charente-Maritime, Saint-Jean-d'Angély.

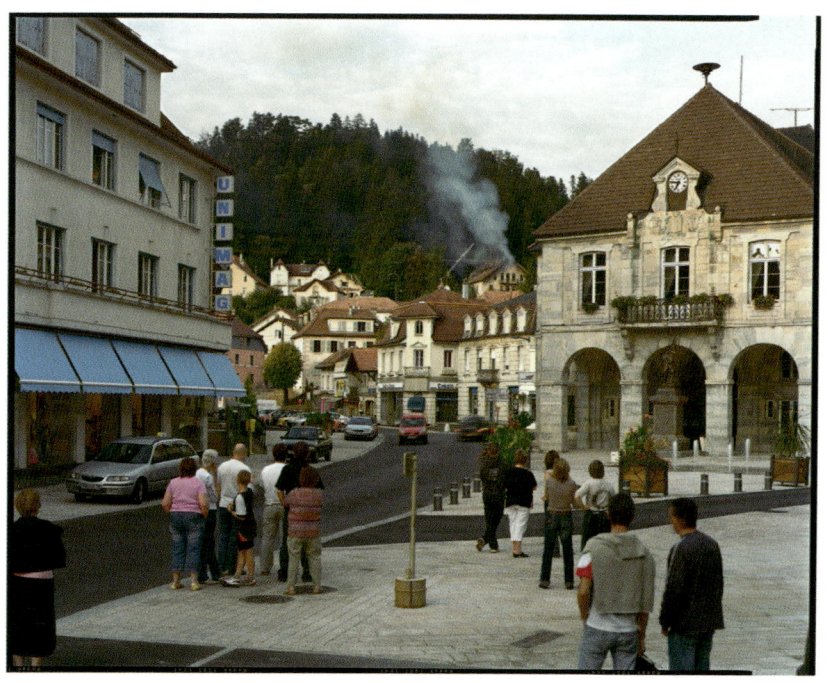

Doubs, Maîche. | 109

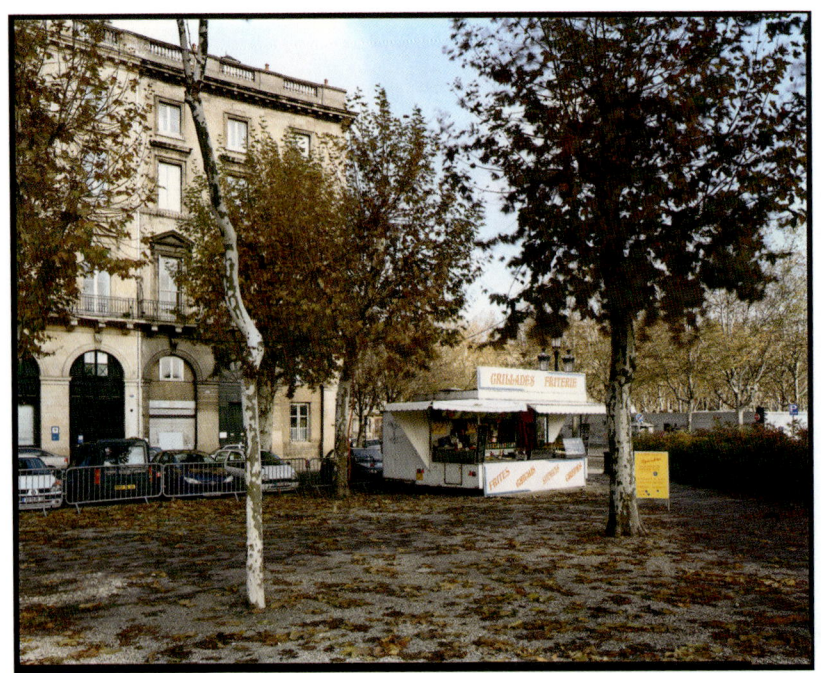

110 | Gironde, Bordeaux.

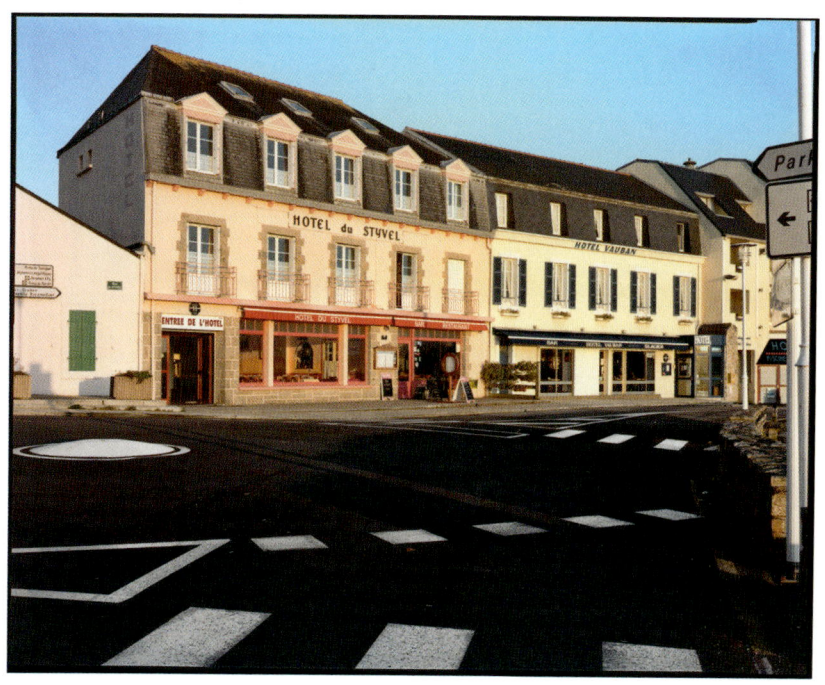

Finistère, Camaret-Sur-Mer. | 111

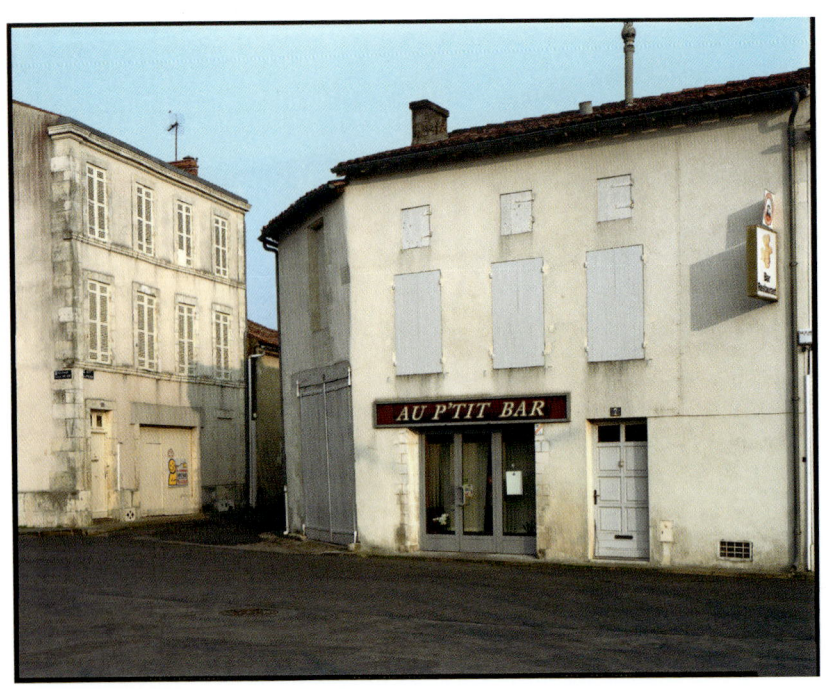

112 | Charente-Maritime, Saint-Jean-d'Angély.

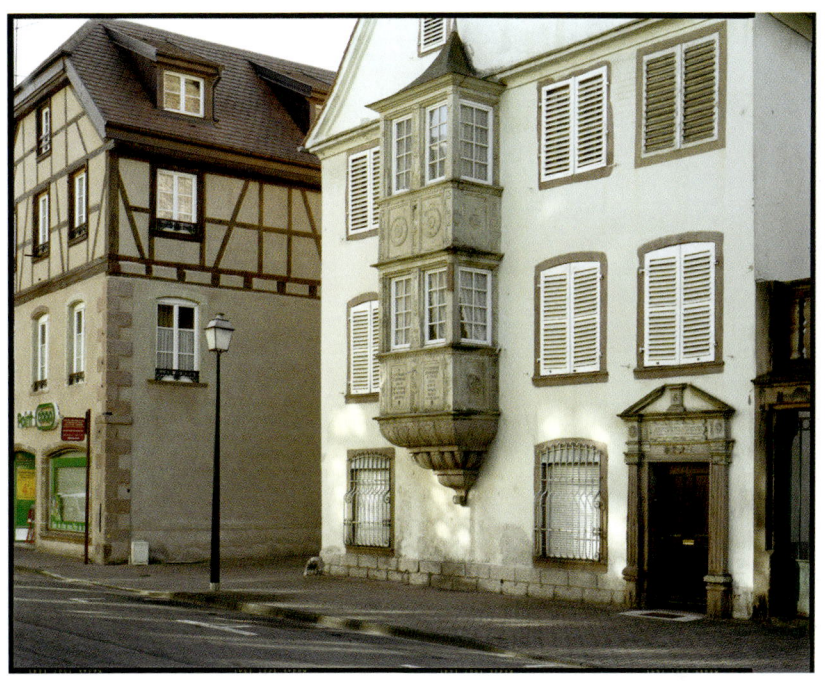

Bas-Rhin, Sélestat.

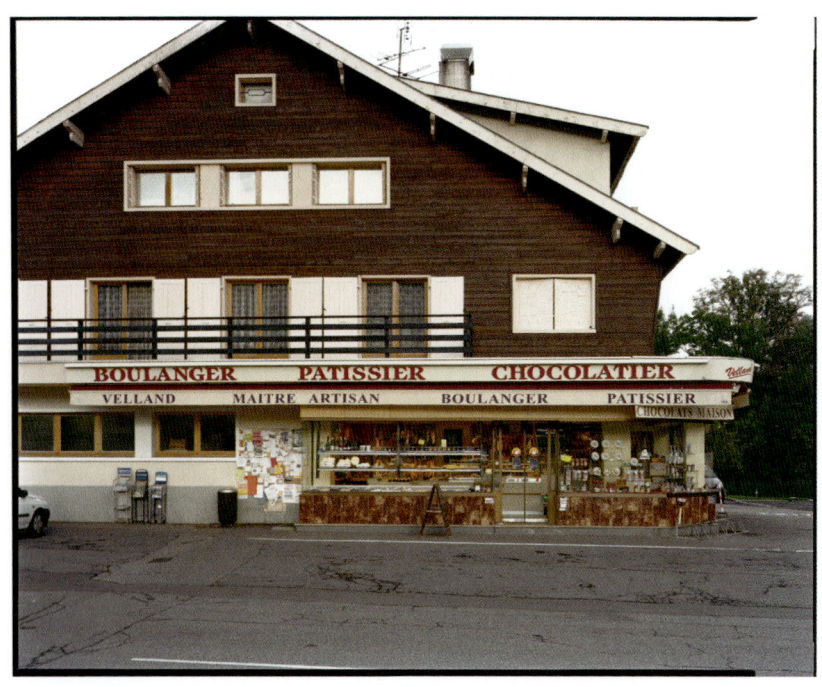

114 | Haute-Savoie, Saint-Jorioz.

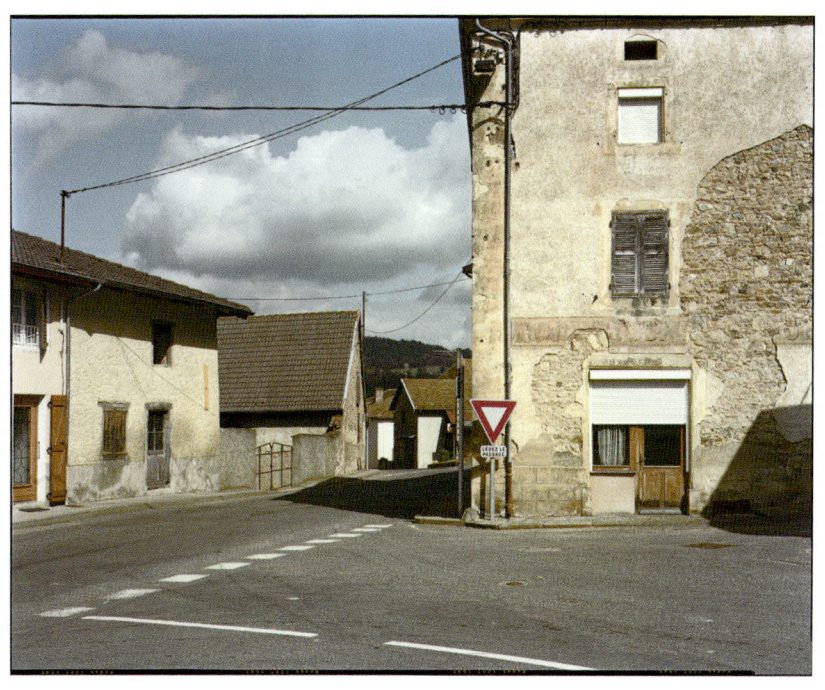

Puy-de-Dôme, Aigueperse. I 115

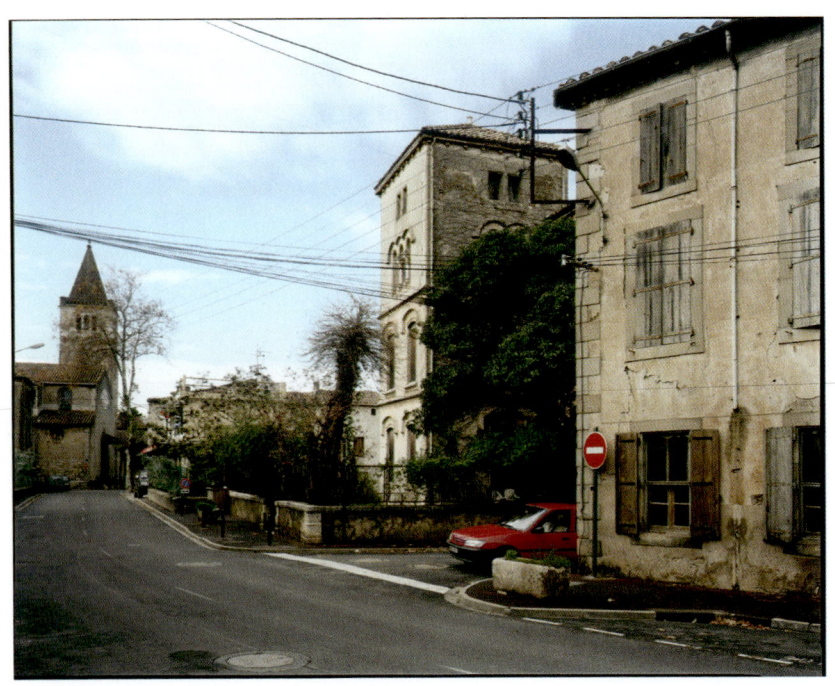

116 | Aude, Saint-Laurent-de-la-Cabrerisse.

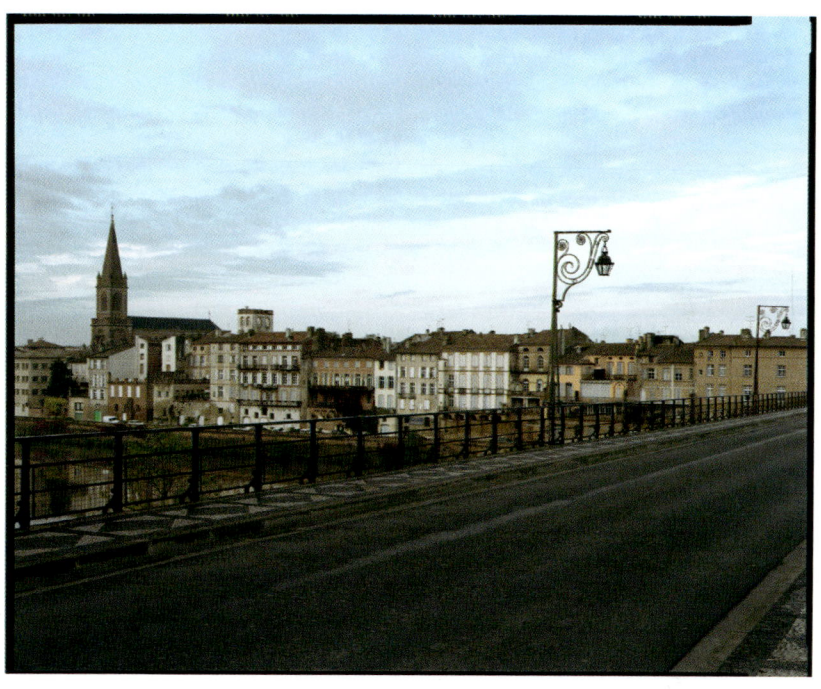

Tarn-et-Garonne, Montauban. | 117

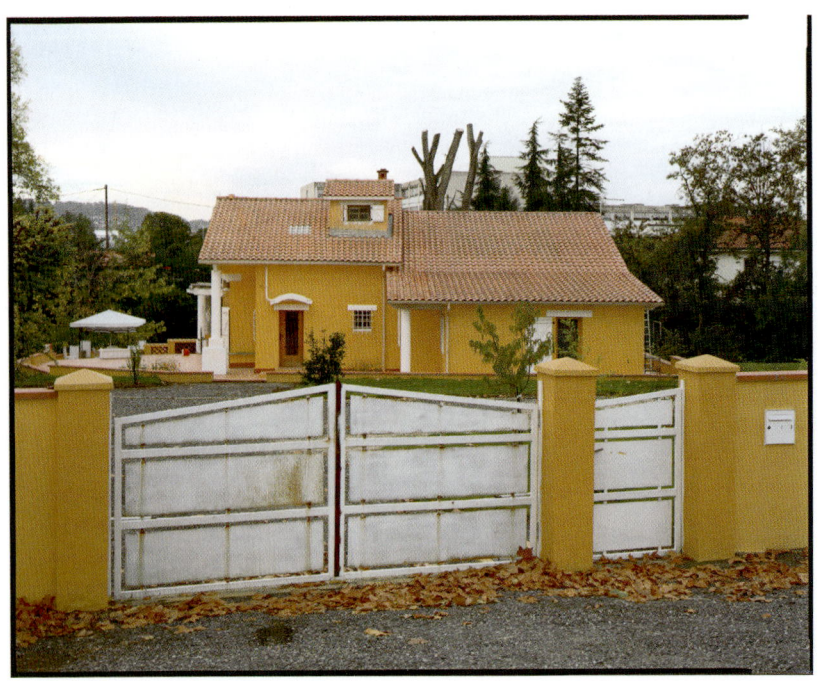

118 | Tarn, Albi.

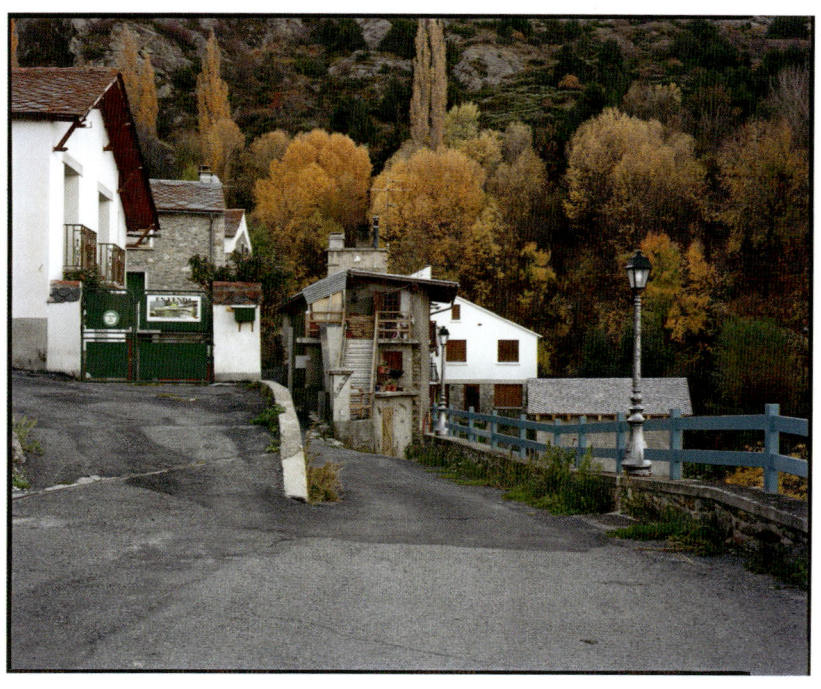

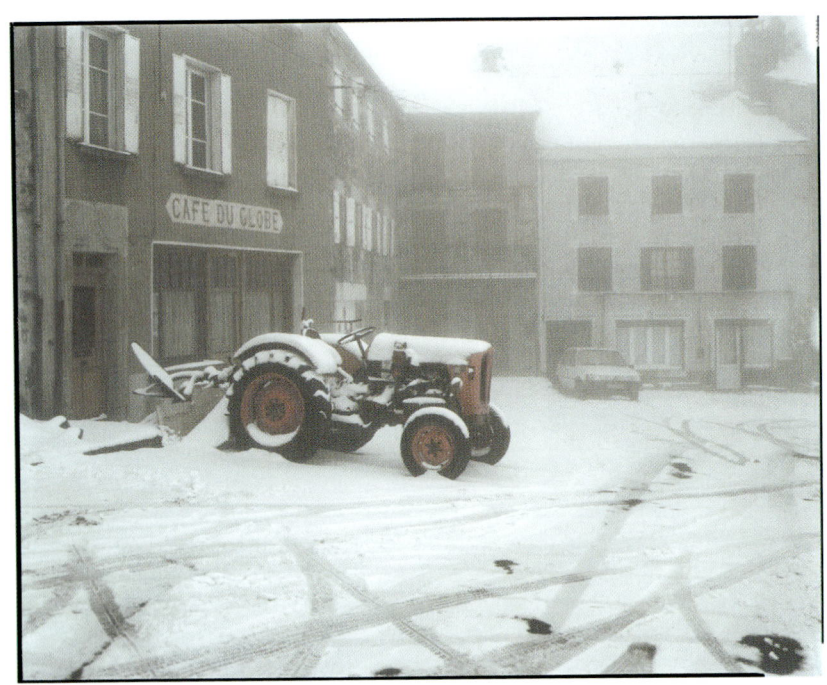

120 | Haute-Loire, Fay-sur-Lignon.

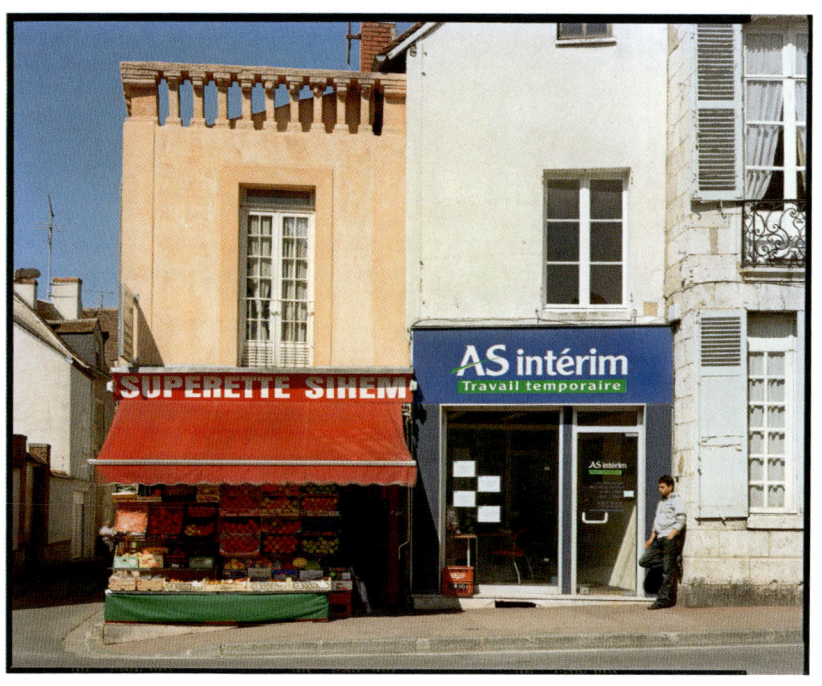

Loiret, Montargis.

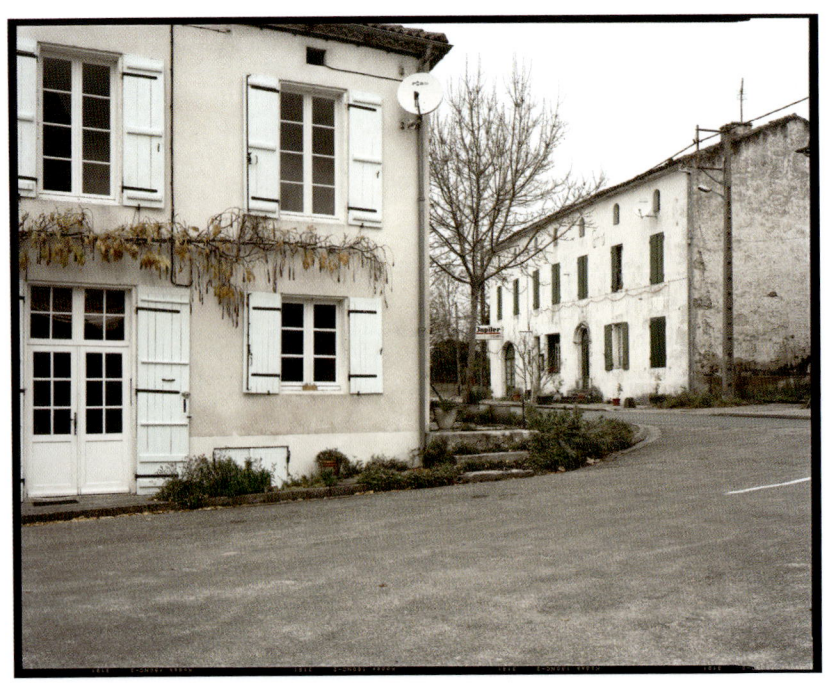

122 | Lot-et-Garonne, Fargues-sur-Ourbise.

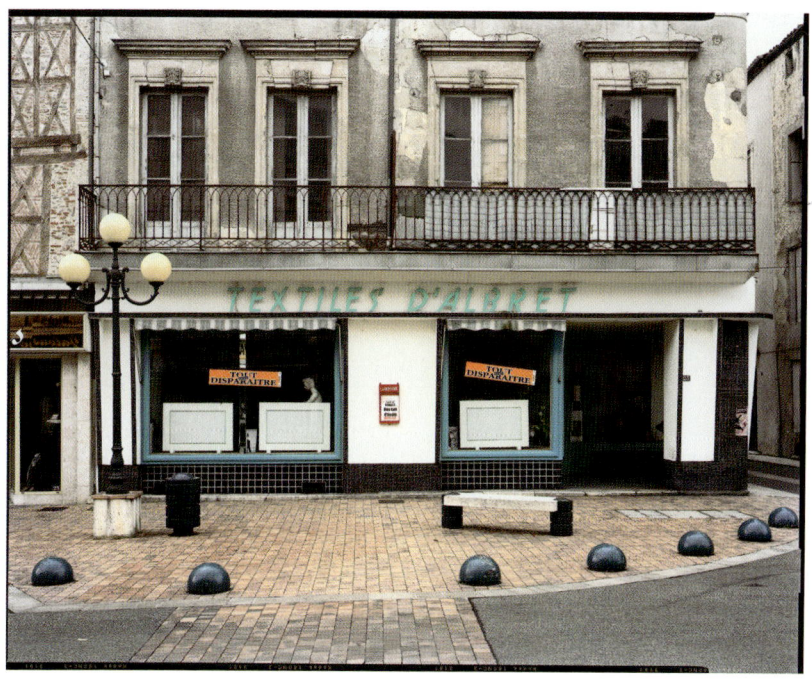

Lot-et-Garonne, Nérac. I 123

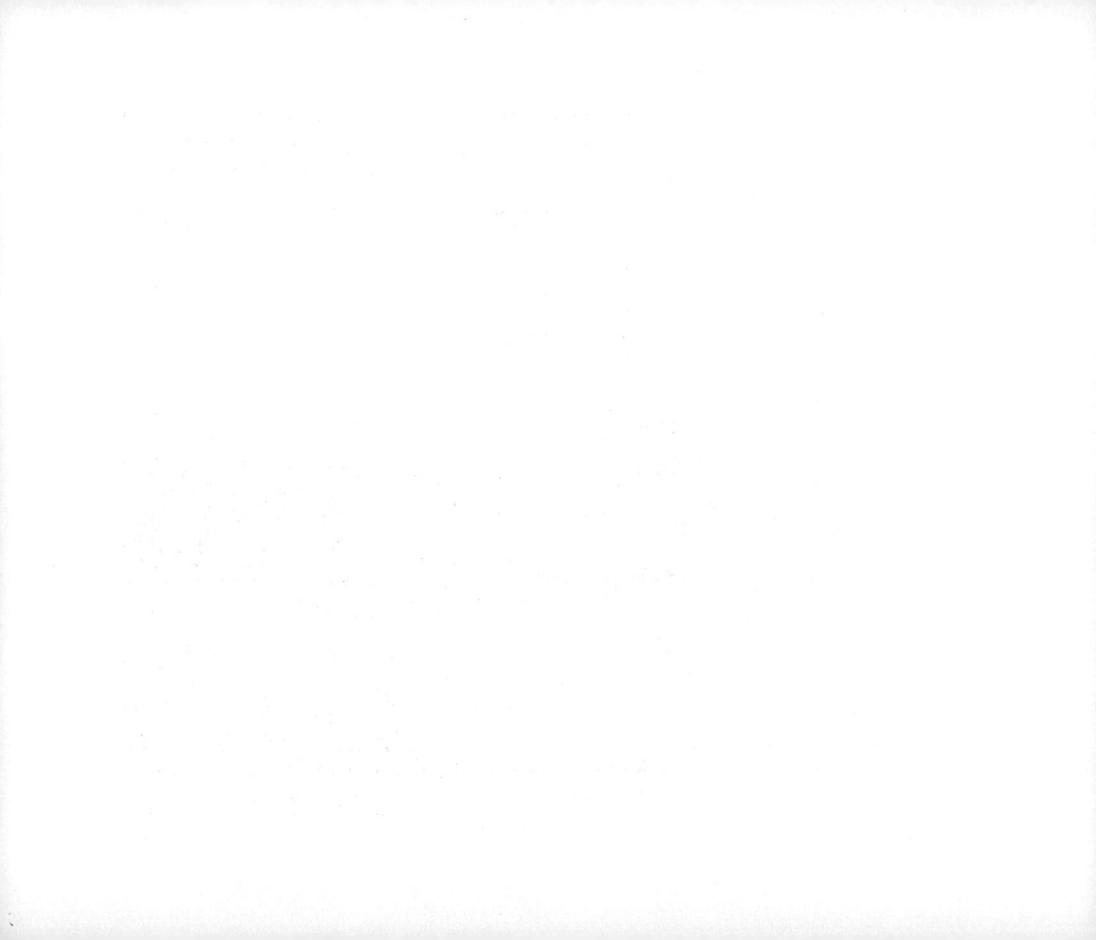

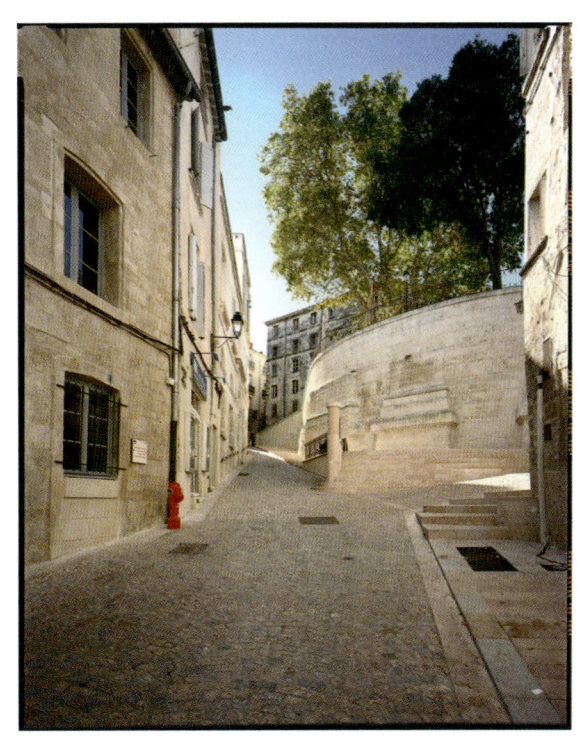

125 | Hérault, Montpellier.

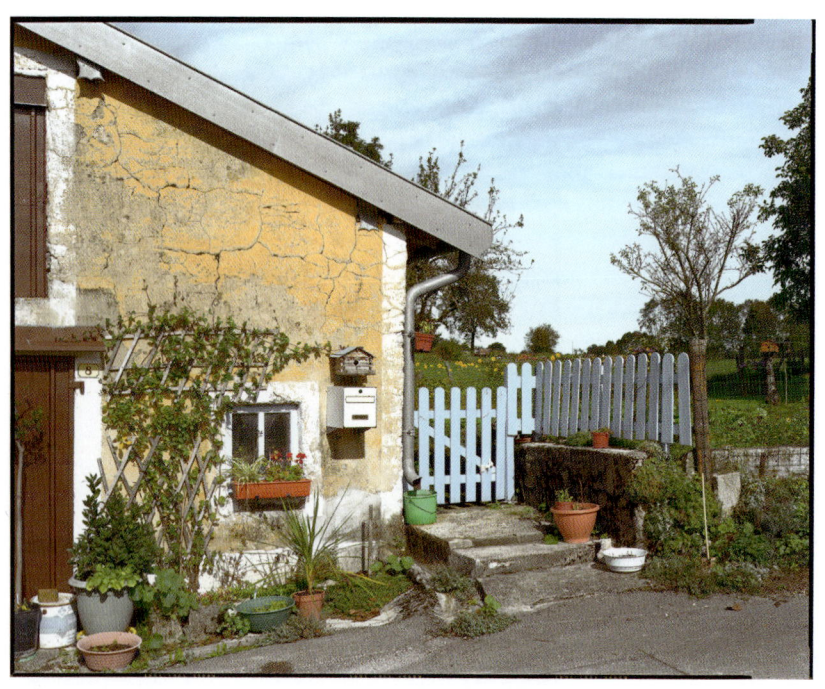

126 | Jura, Supt.

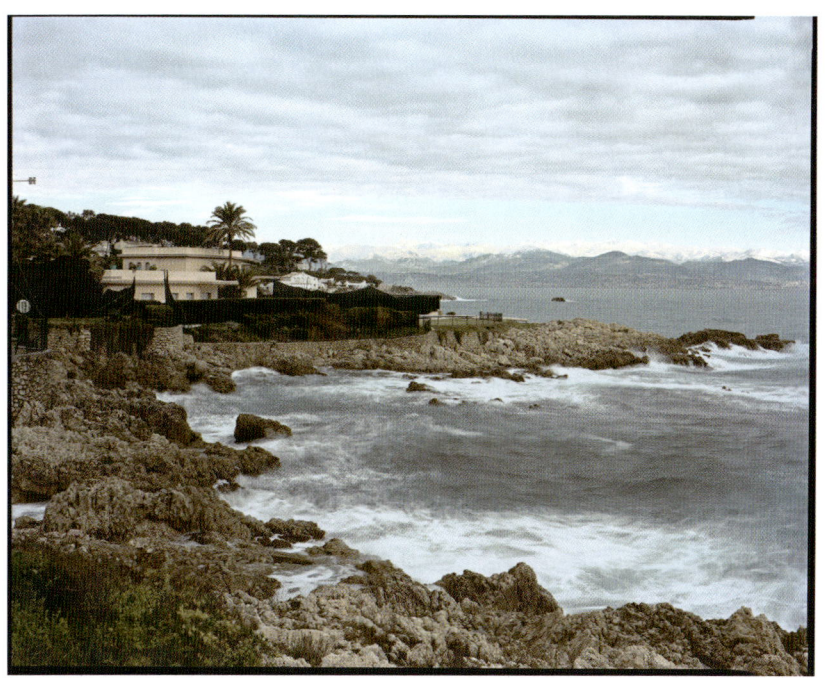

Alpes-Maritimes, Antibes, cap Gros.

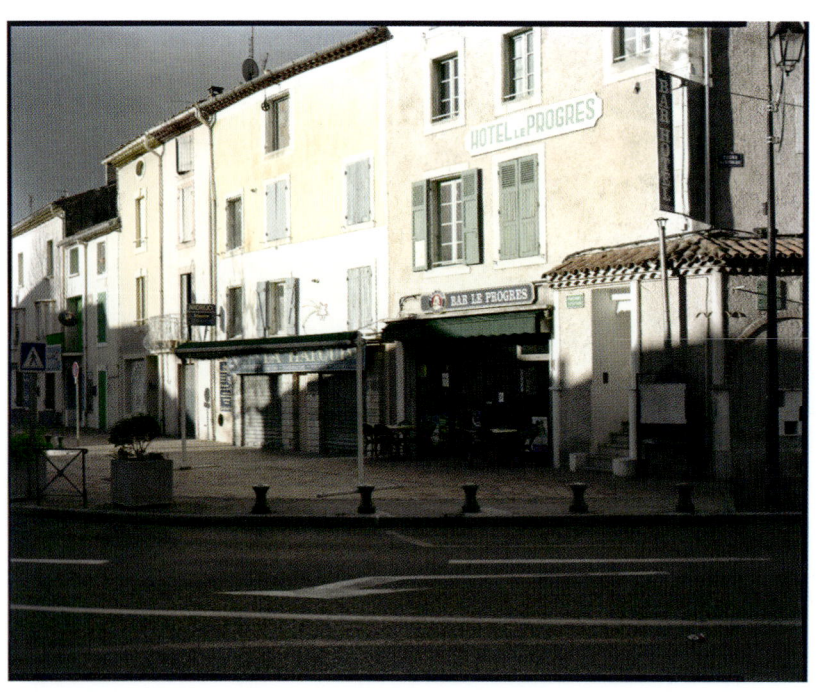

128 | Vaucluse, Bollène.

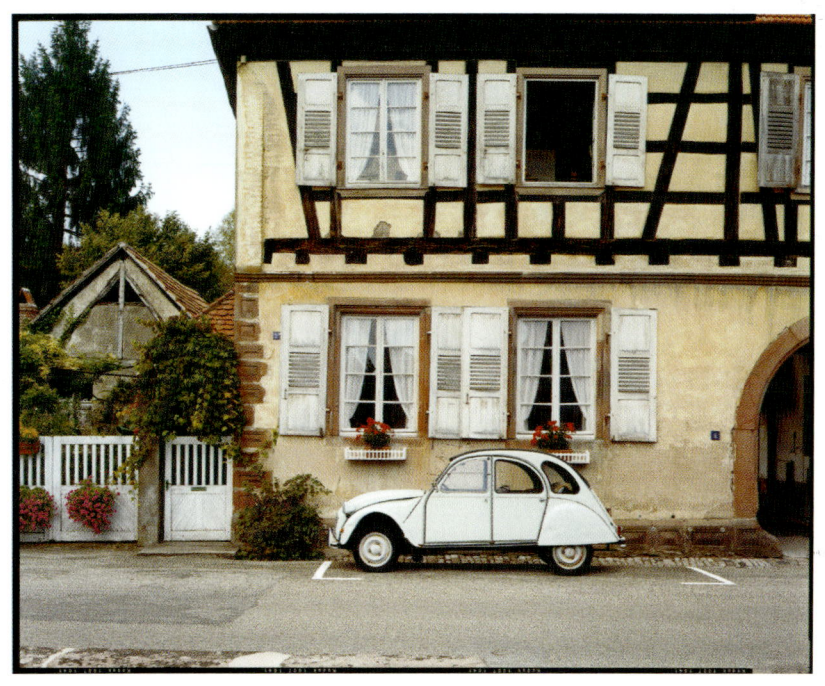

Bas-Rhin, Wissembourg.

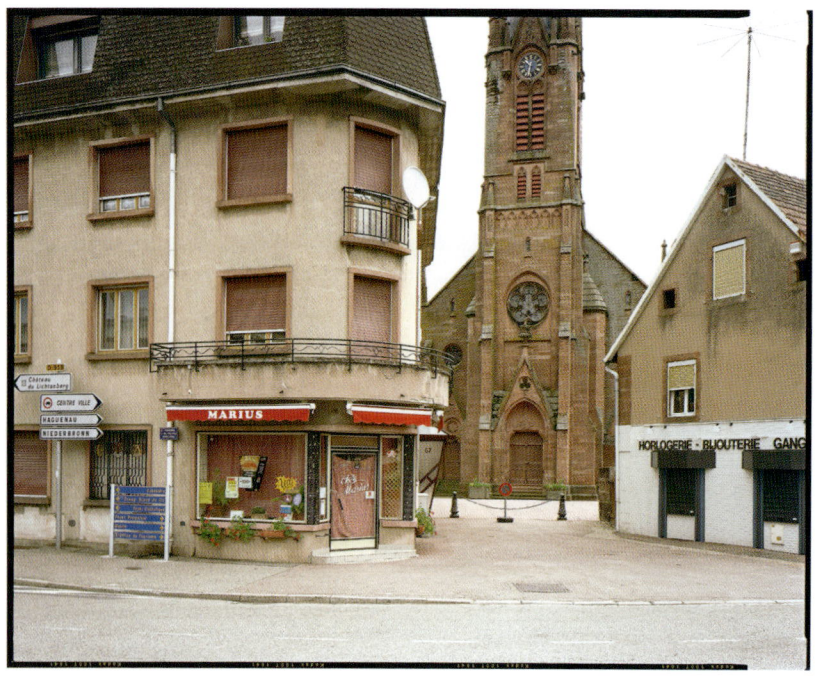

130 | Bas-Rhin, Ingwiller.

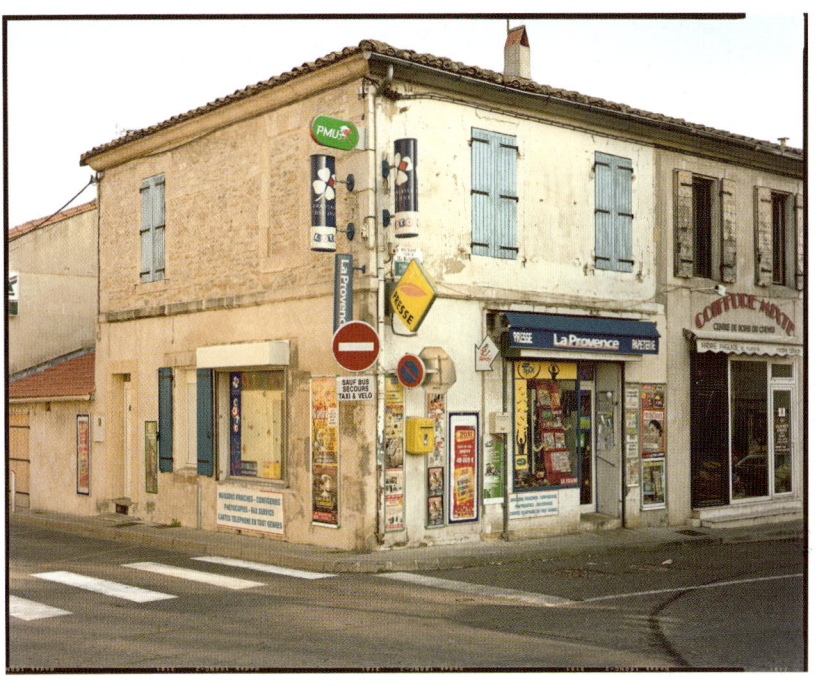

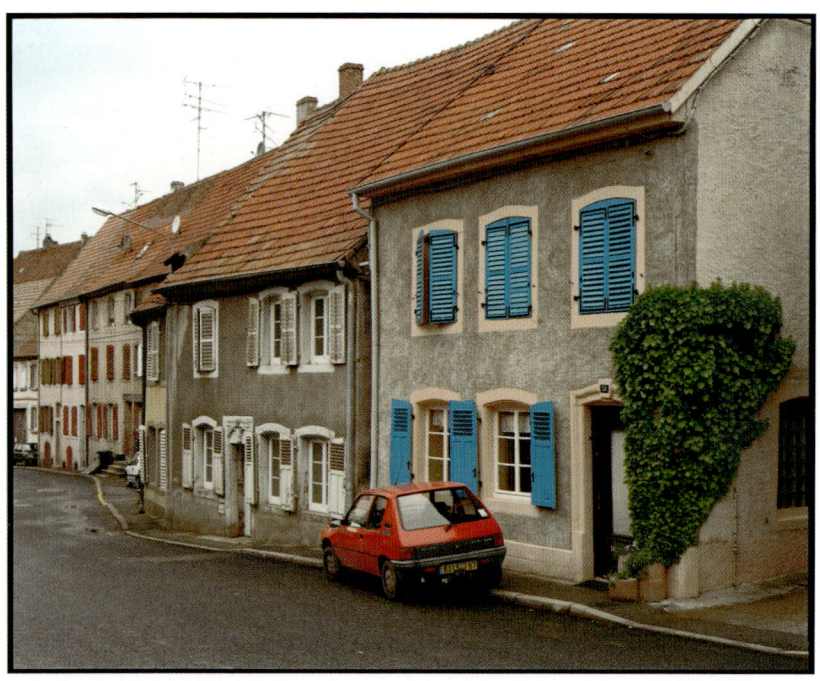

132 | Bas-Rhin, Sarre-Union.

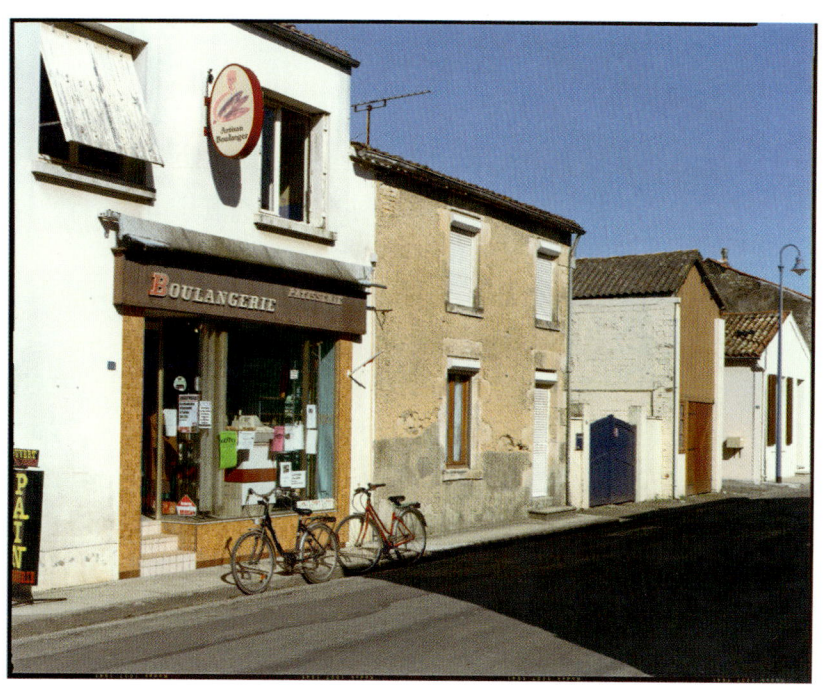

Charente-Maritime, Marans. | 133

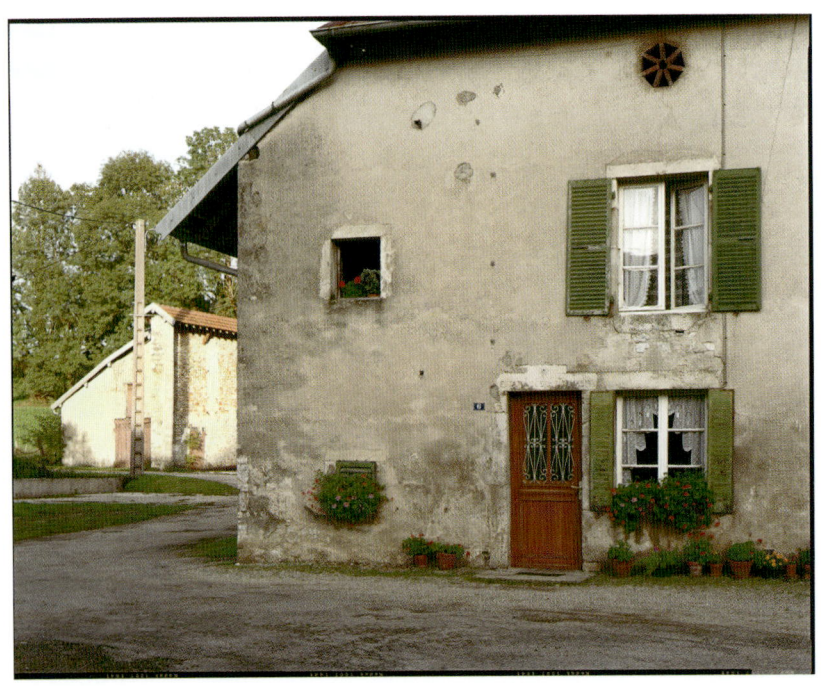

134 | Jura, Sirod.

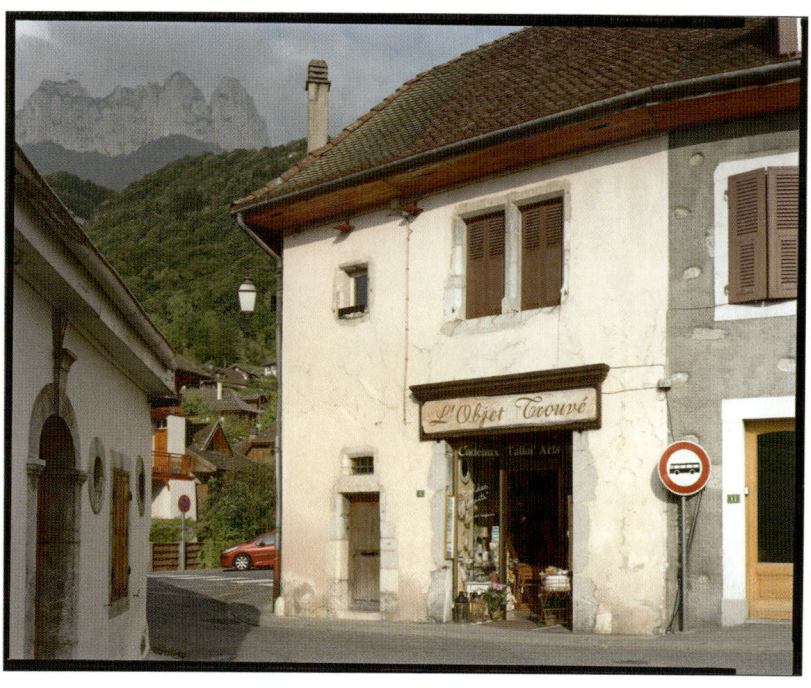

Haute-Savoie, Talloires. | 135

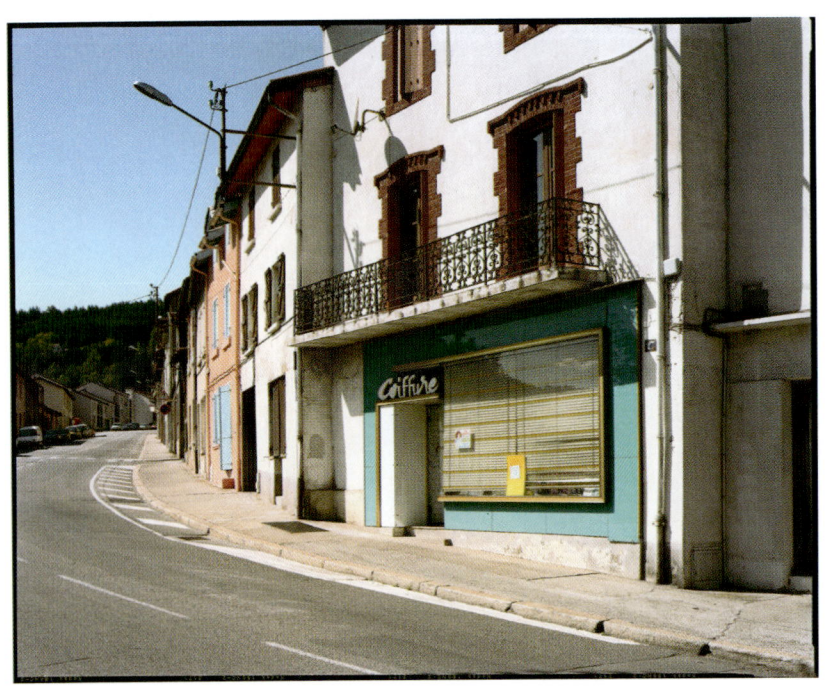

136 | Aveyron, Decazeville.

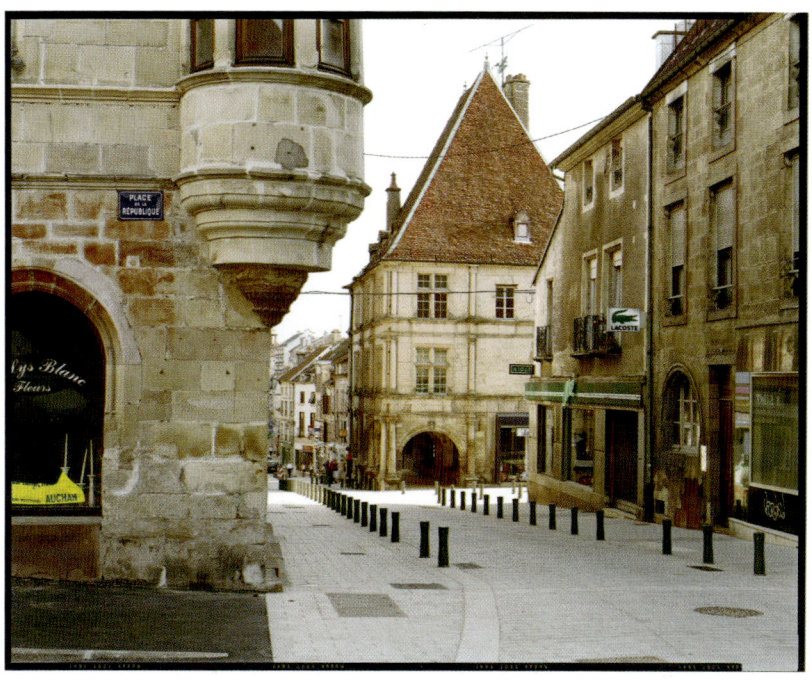

Haute-Saône, Luxeuil-les-Bains. | 137

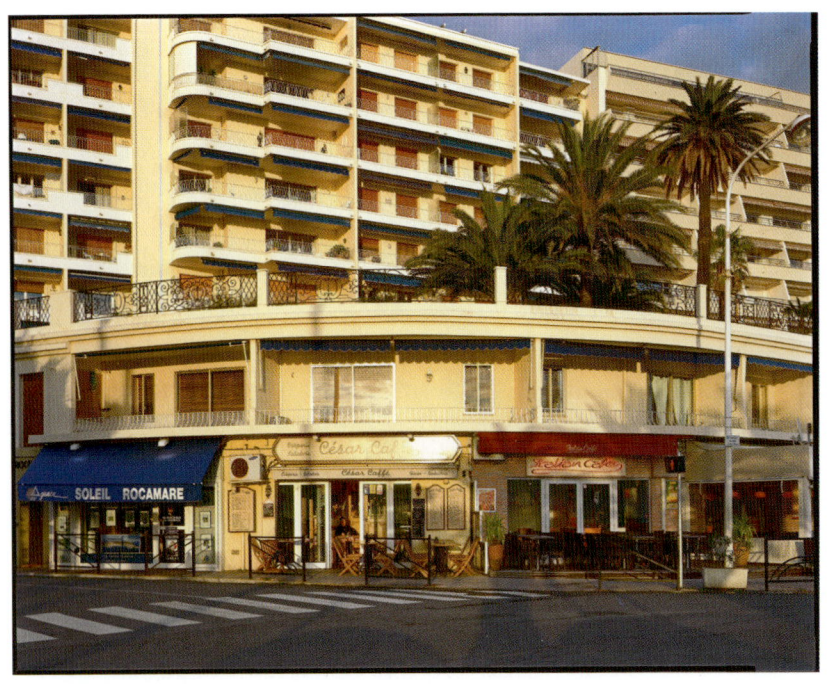

138 | Alpes-Maritimes, Cannes.

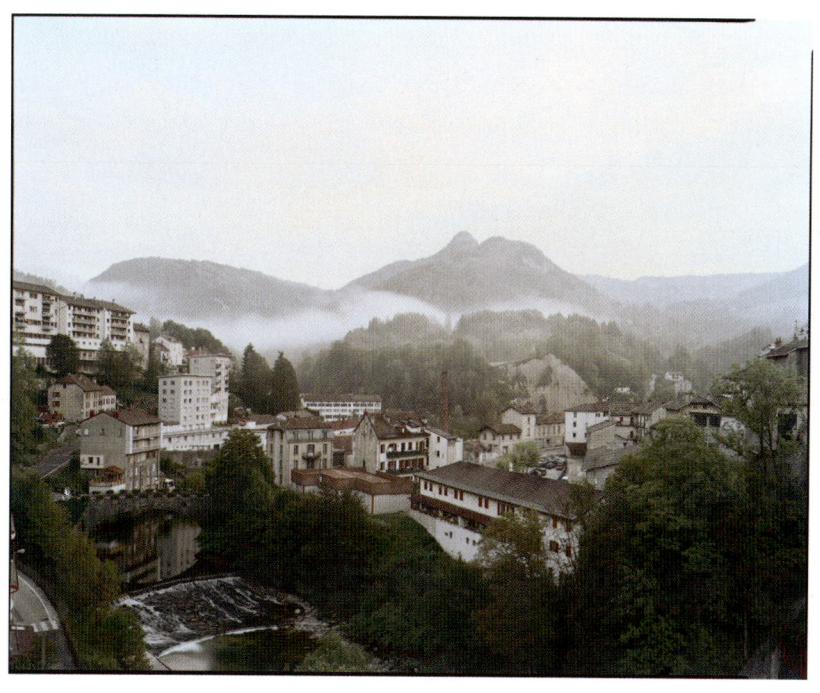

Jura, Saint-Claude.

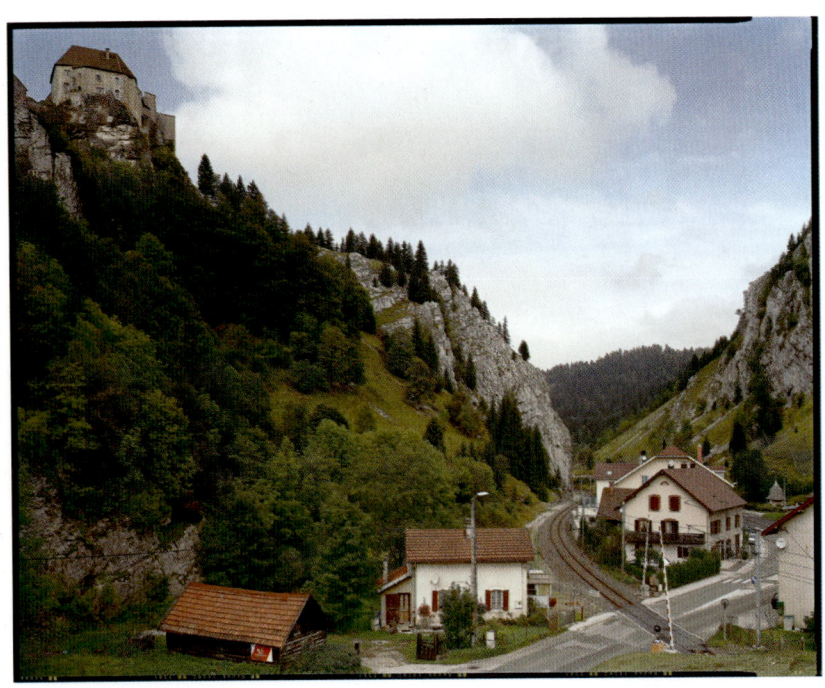

140 | Doubs, La Cluse-et-Mijoux.

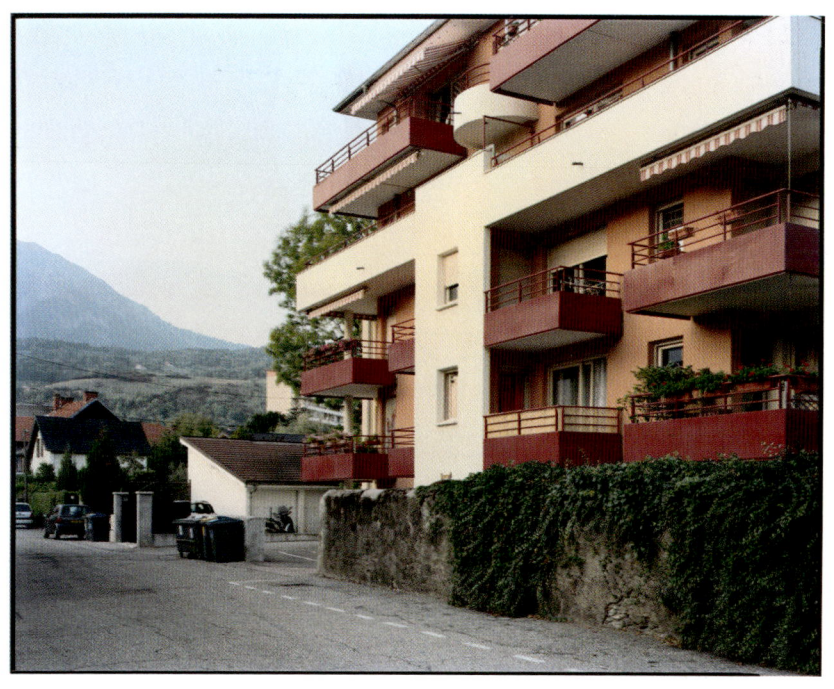

Savoie, Albertville. | 141

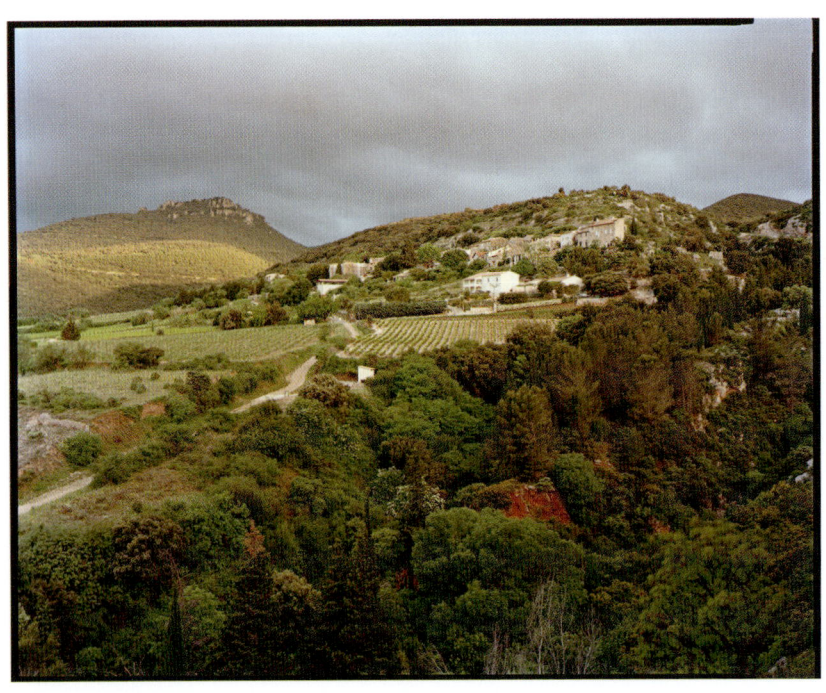

142 | Hérault, Arboras.

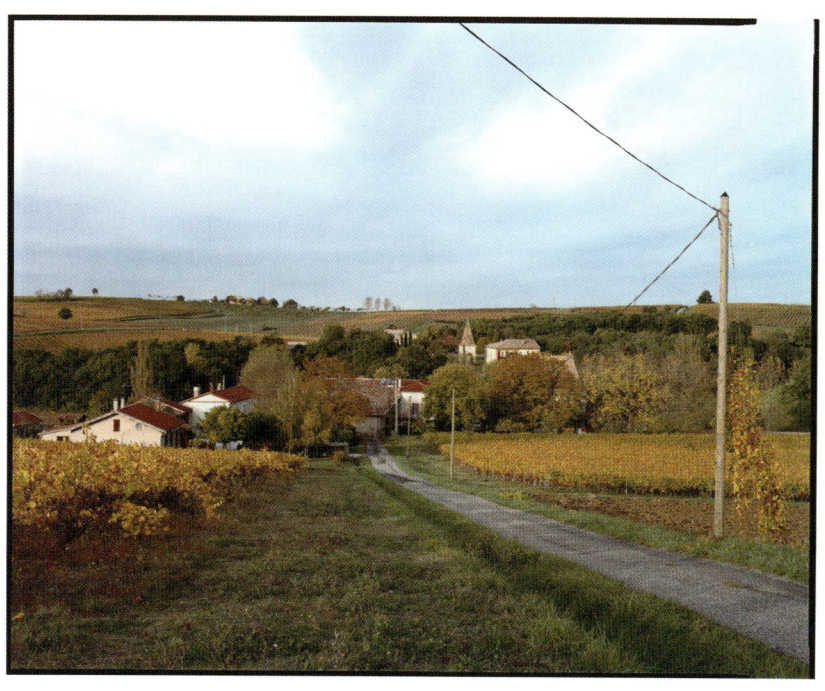

Tarn, Mas-Del-Sol. | 143

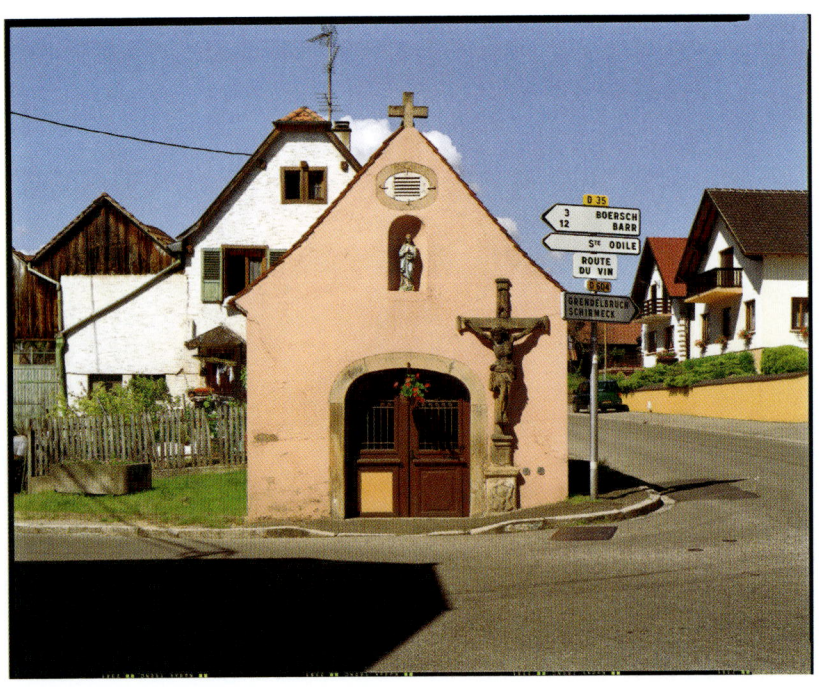

144 | Bas-Rhin, Rosheim.

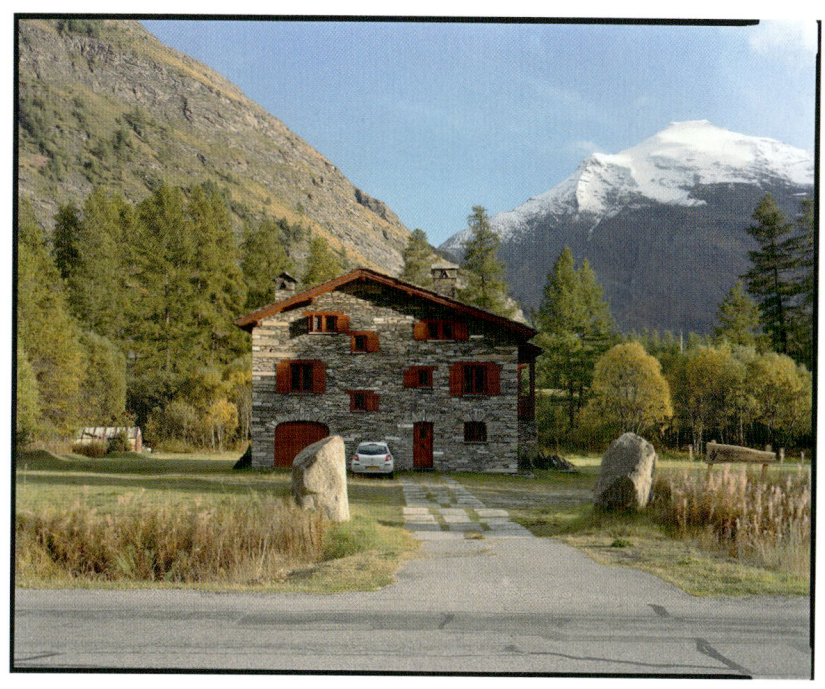

Savoie, Le Villaron. | 145

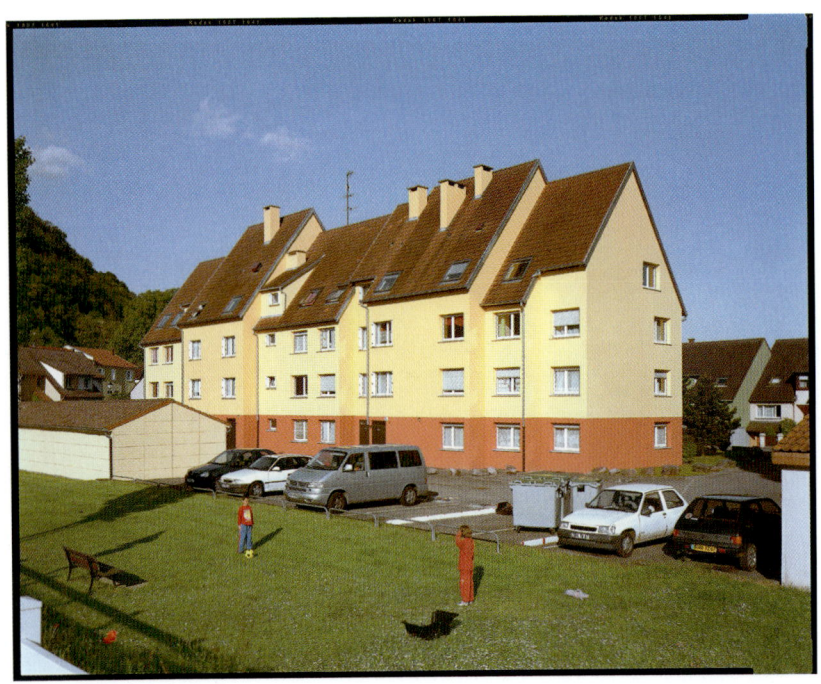

146 | Bas-Rhin, Mutzig.

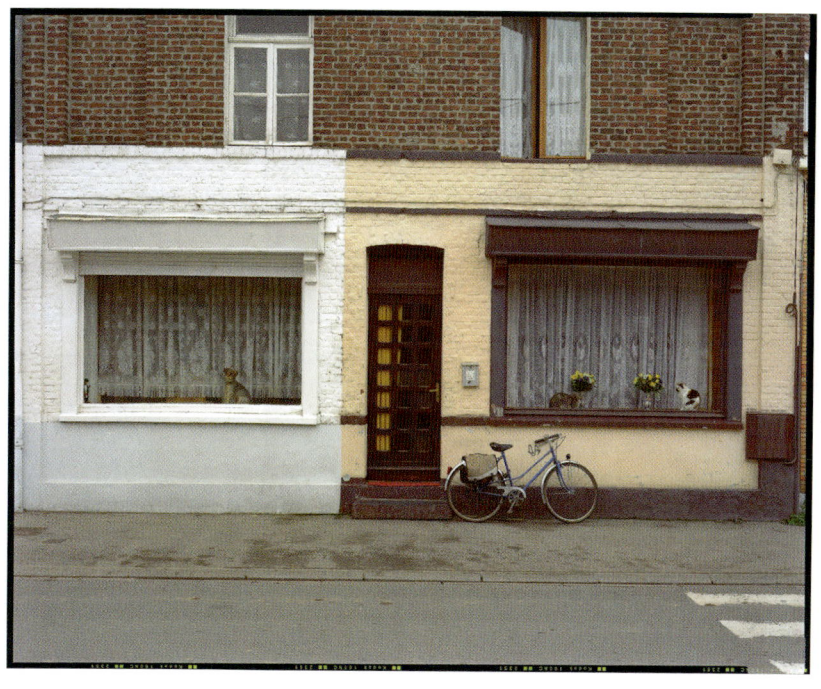

Pas-de-Calais, Verquin. | 147

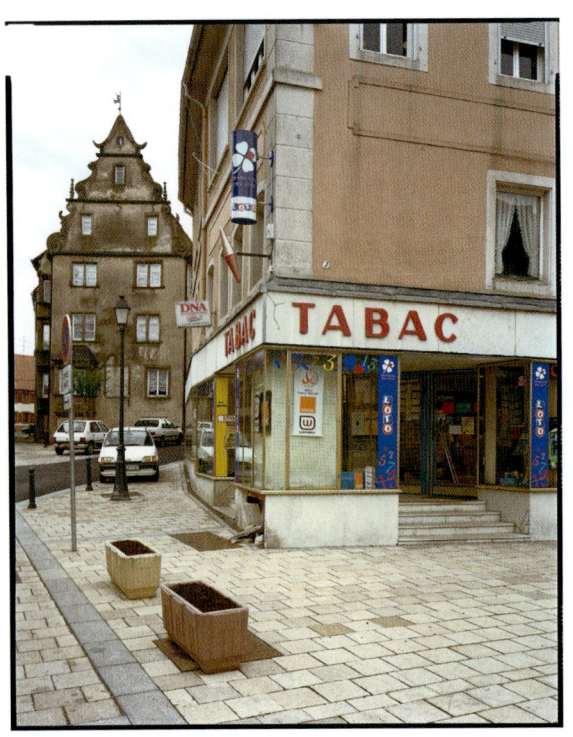

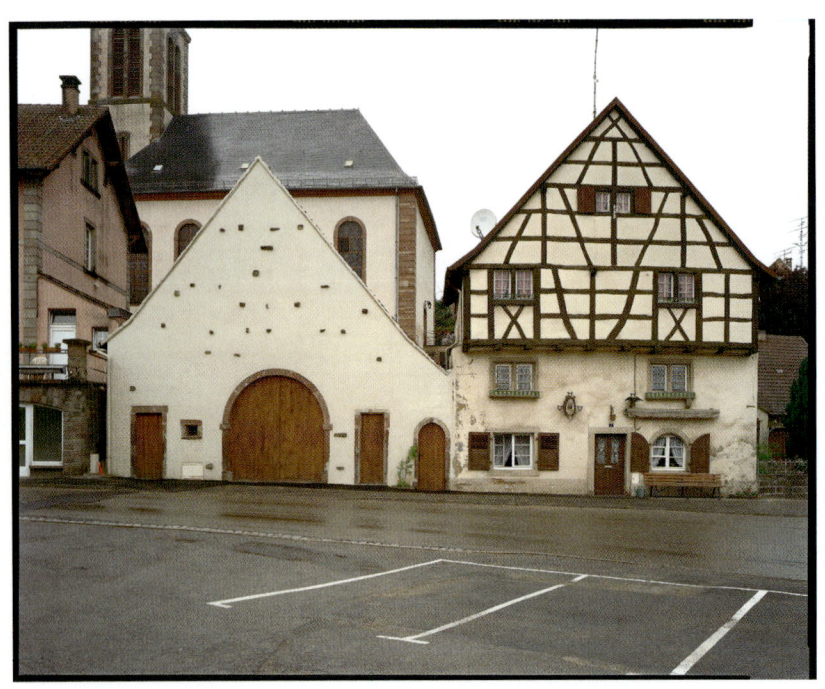

150 | Bas-Rhin, Drulingen.

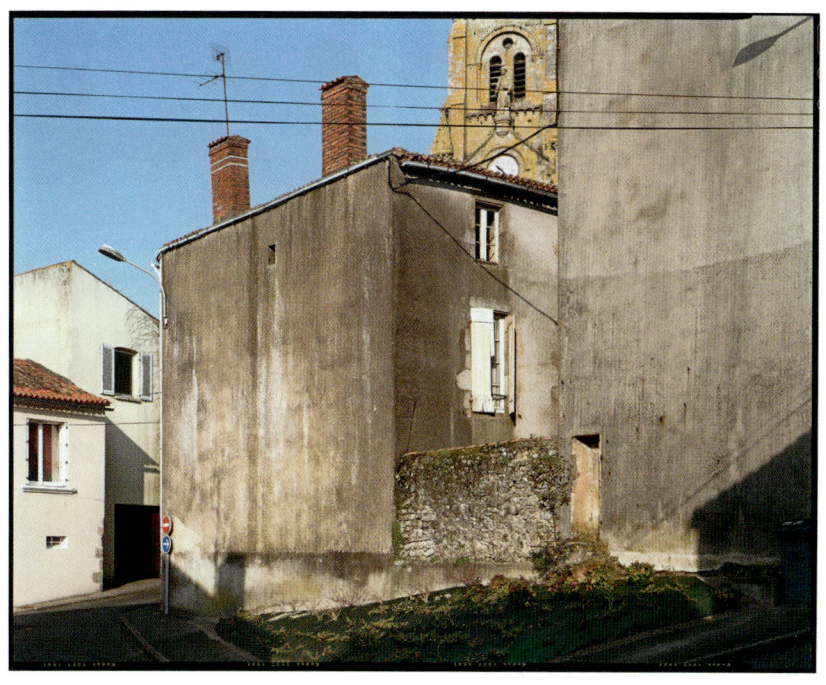

Deux-Sèvres, Parthenay. | 151

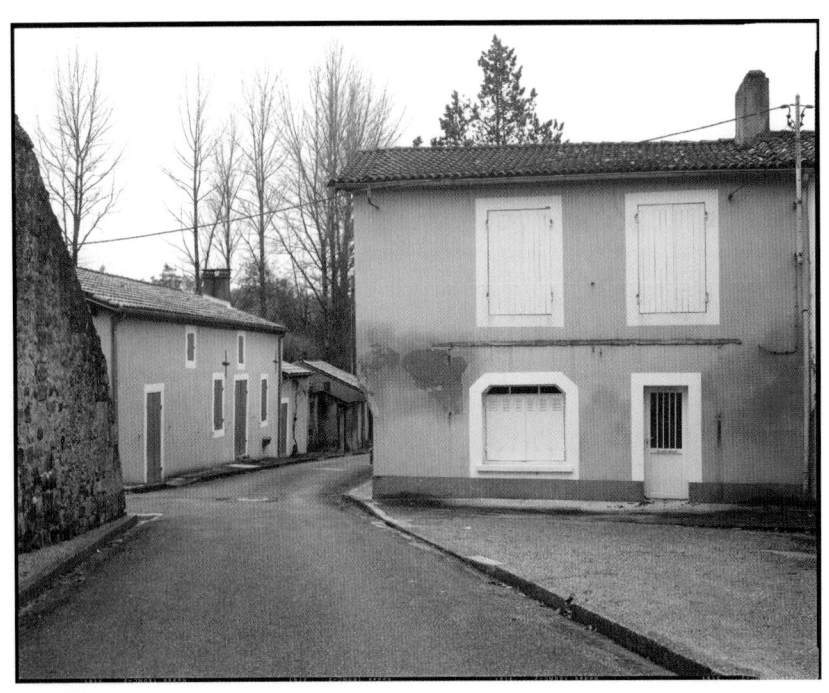

152 | Lot-et-Garonne, Fargues-sur-Ourbise.

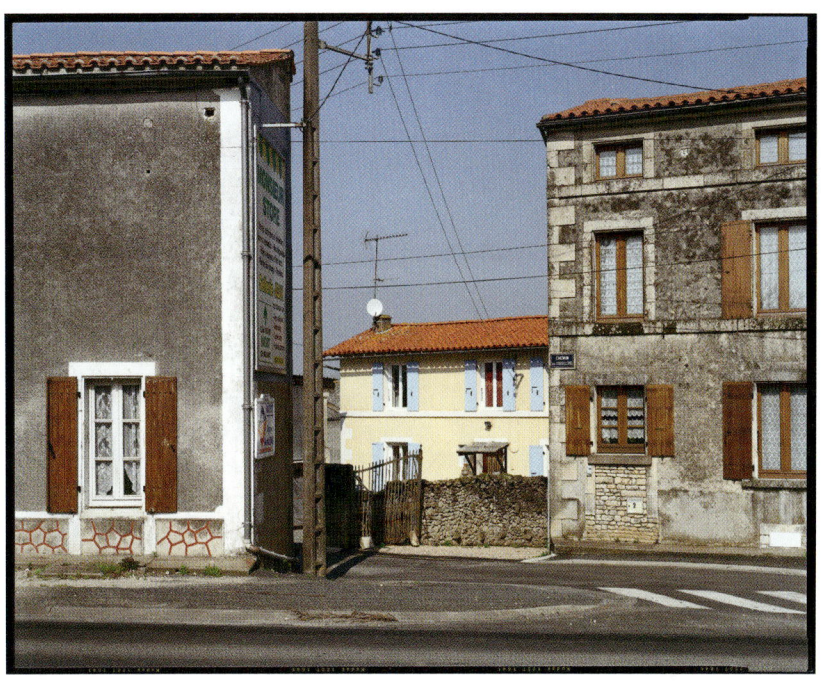

Deux-Sèvres, Saint-Maixent-l'École. | 153

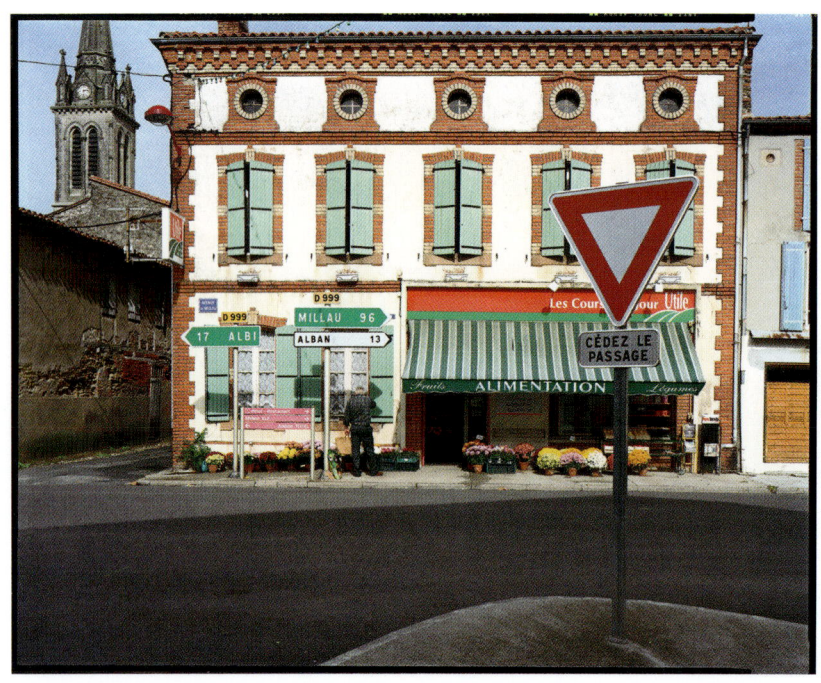

154 | Tarn, Villefranche-d'Albigeois.

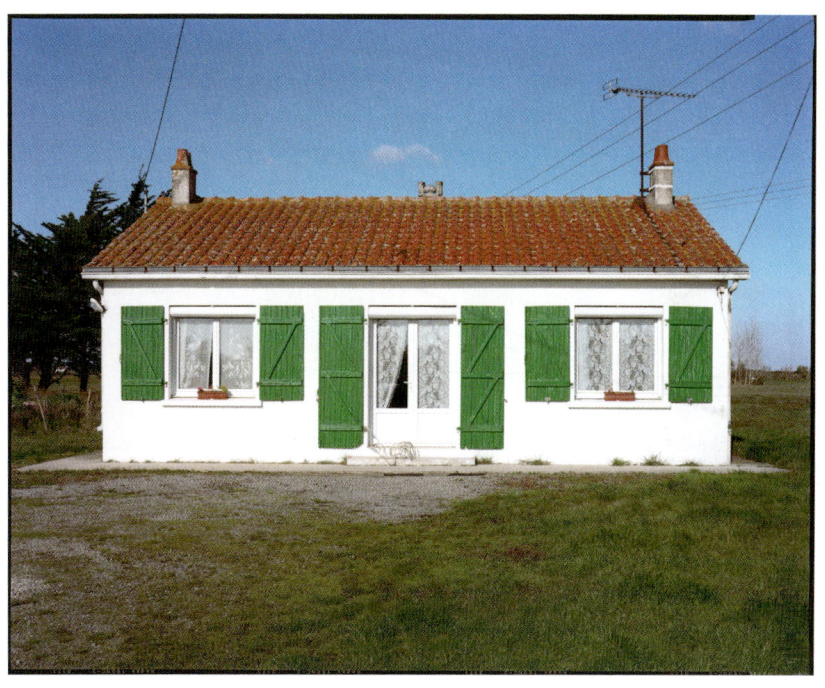

Vendée, Beauvoir-sur-Mer. | 155

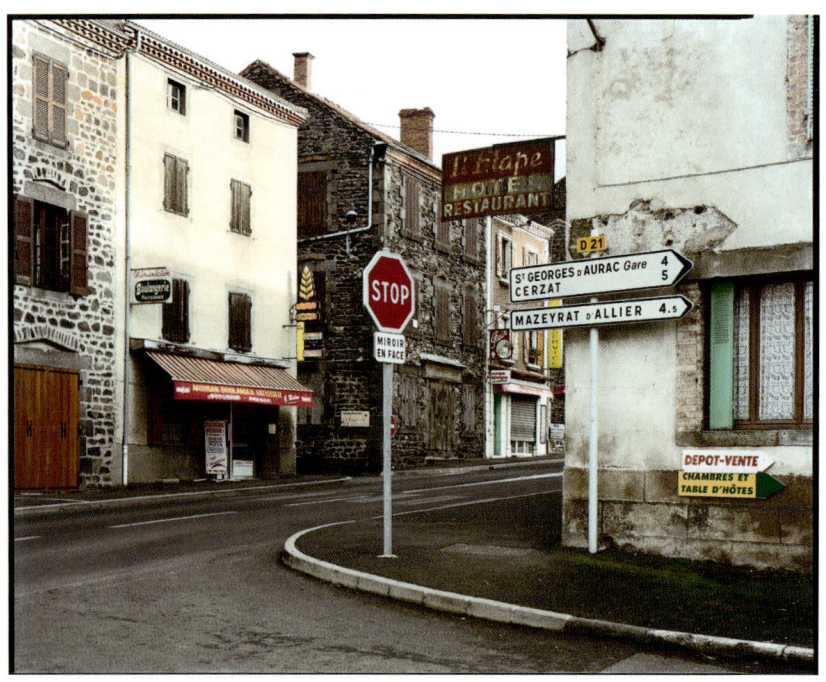

156 | Haute-Loire, Saint-Georges-d'Aurac.

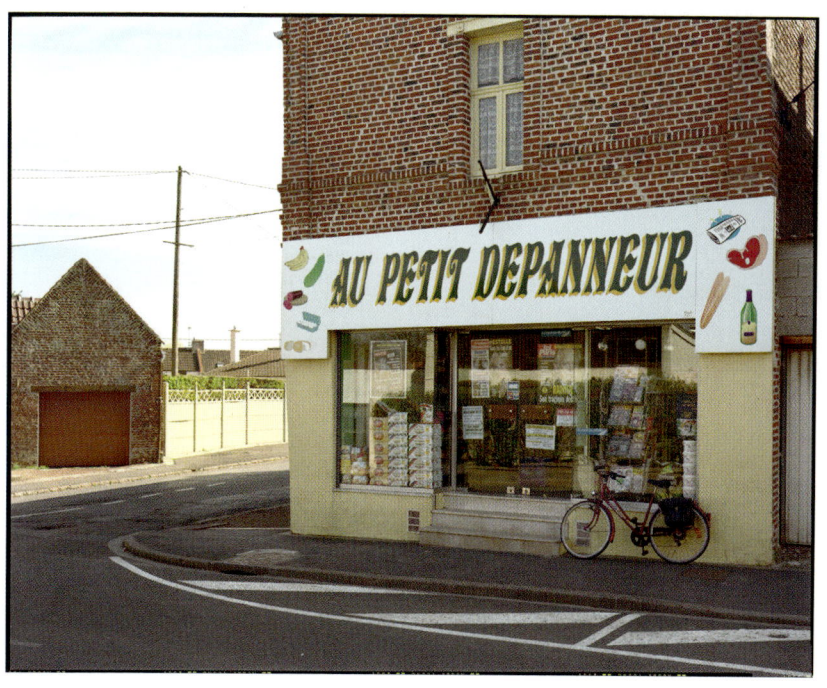

Pas-de-Calais, Bully-les-Mines. | 157

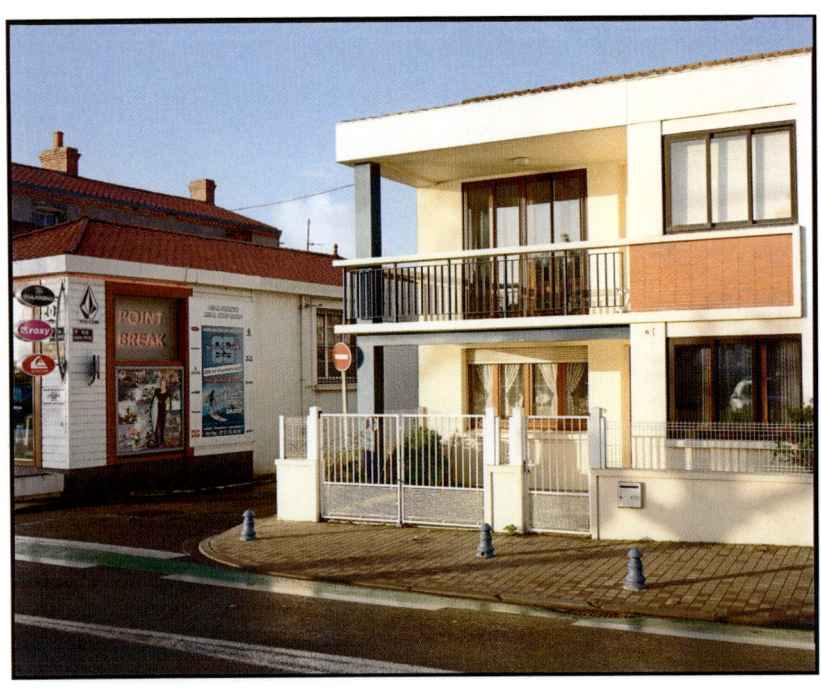

158 | Vendée, Saint-Gilles-Croix-de-Vie.

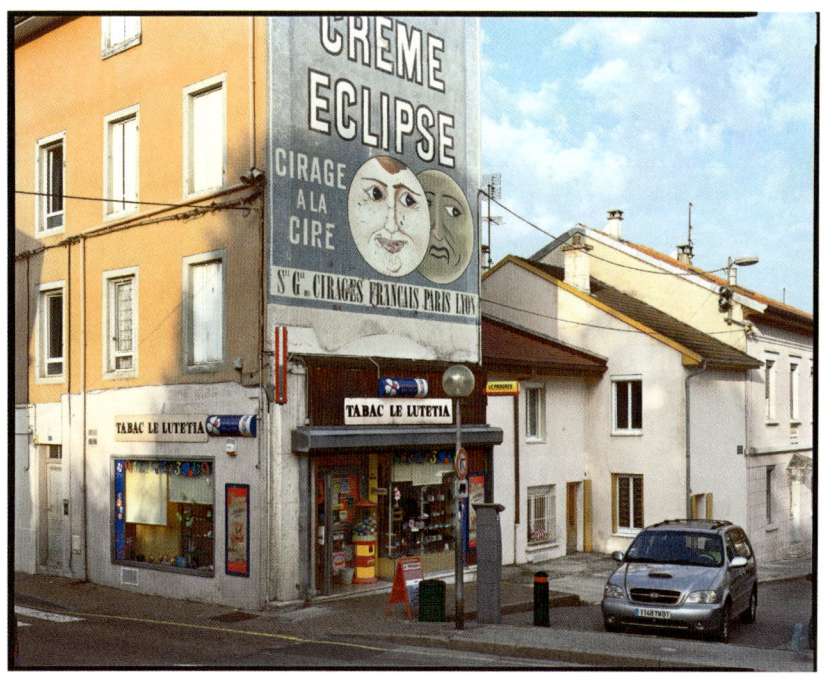

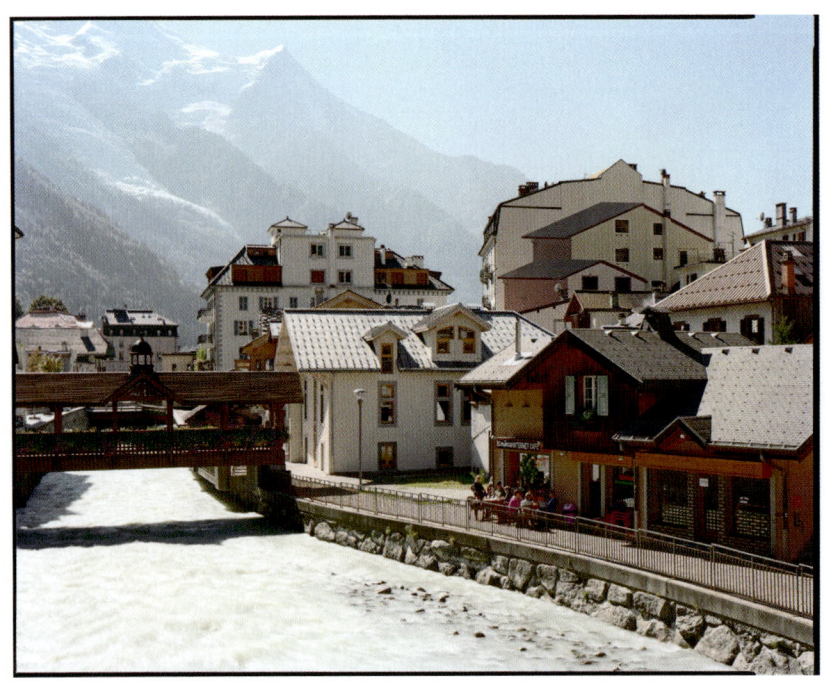

160 | Haute-Savoie, Chamonix.

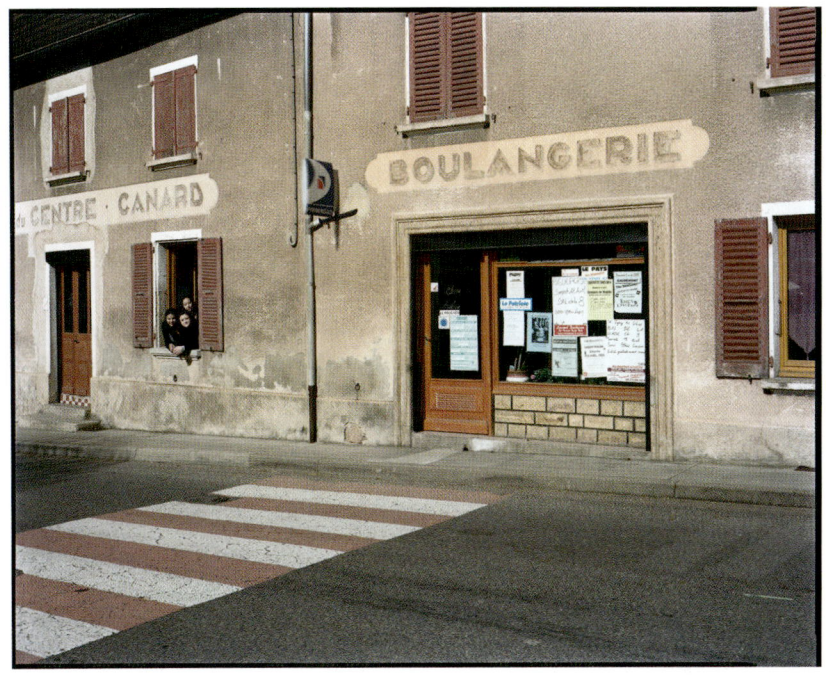

Puy-de-Dôme, Aigueperse. | 161

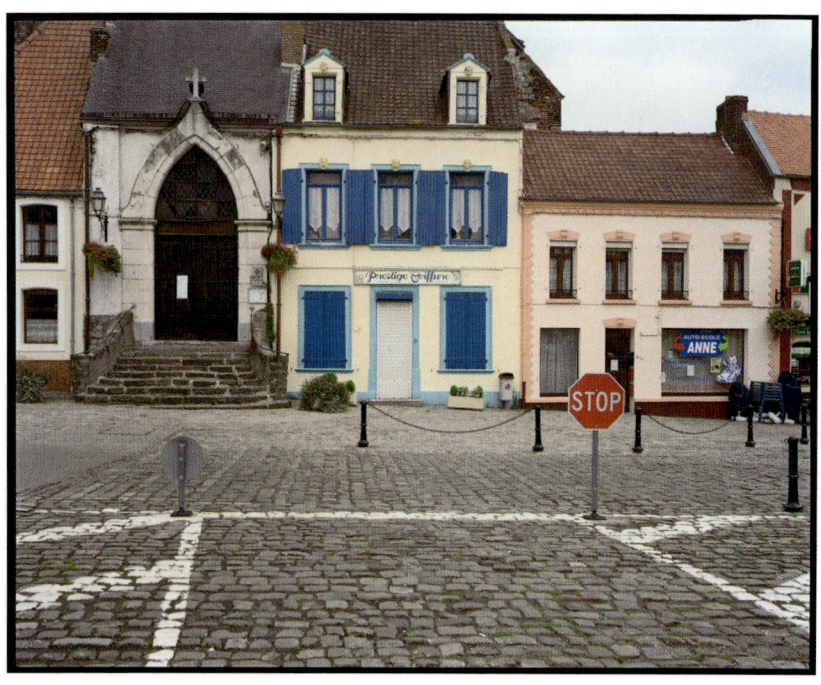

162 | Pas-de-Calais, Samer.

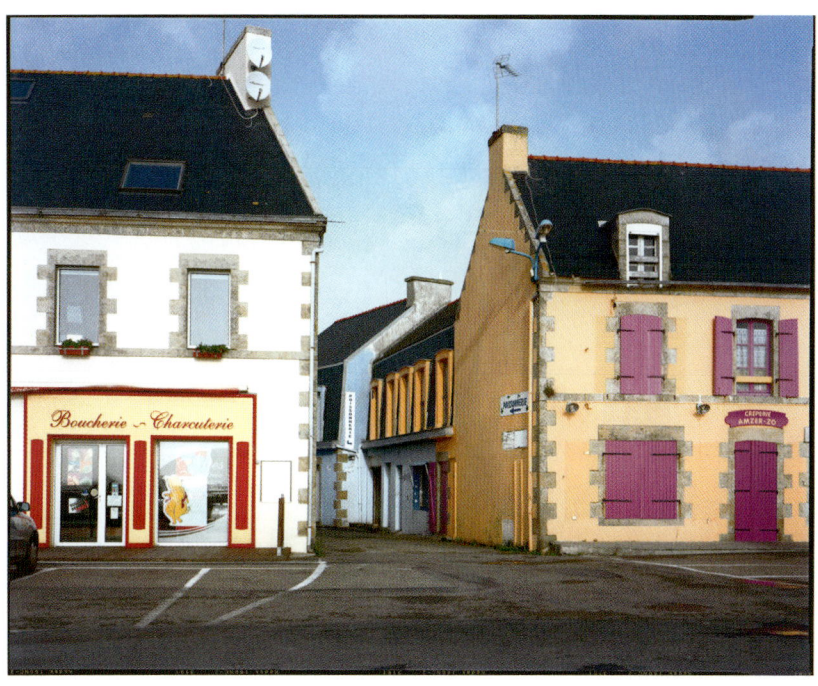

Finistère, Kérity. | 163

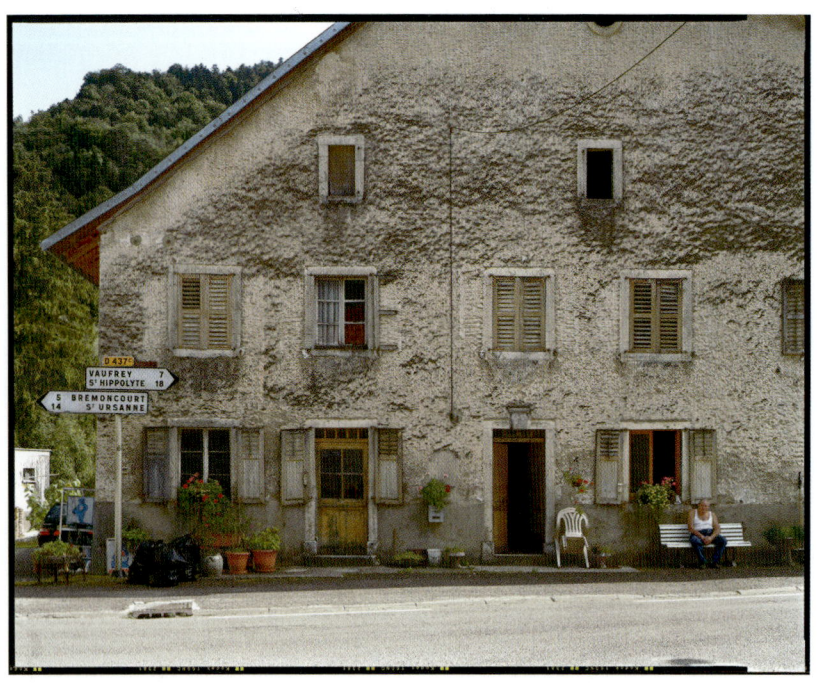

164 | Doubs, Glère.

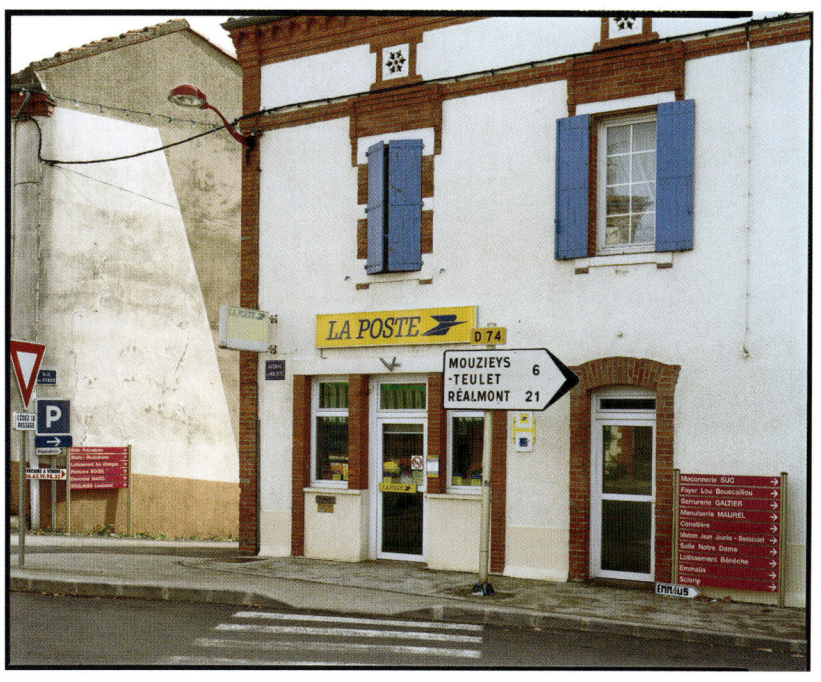

Tarn, Villefranche-d'Albigeois. | 165

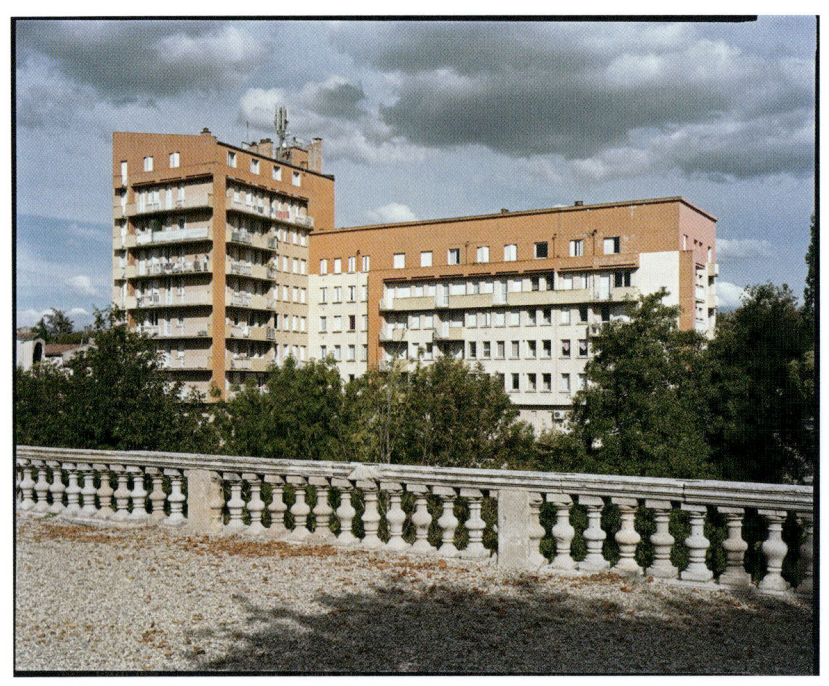

166 | Tarn, Castres.

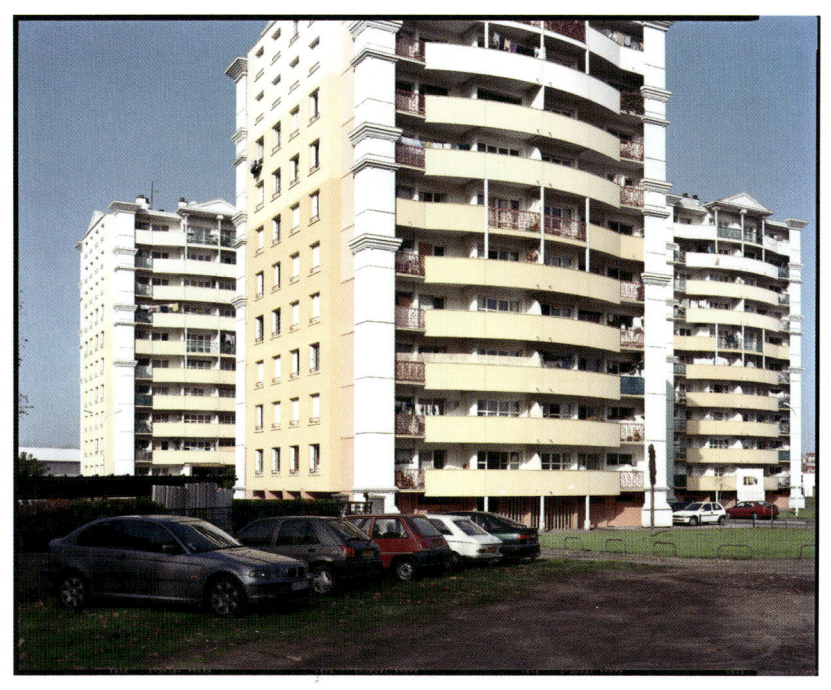

Landes, Dax. | 167

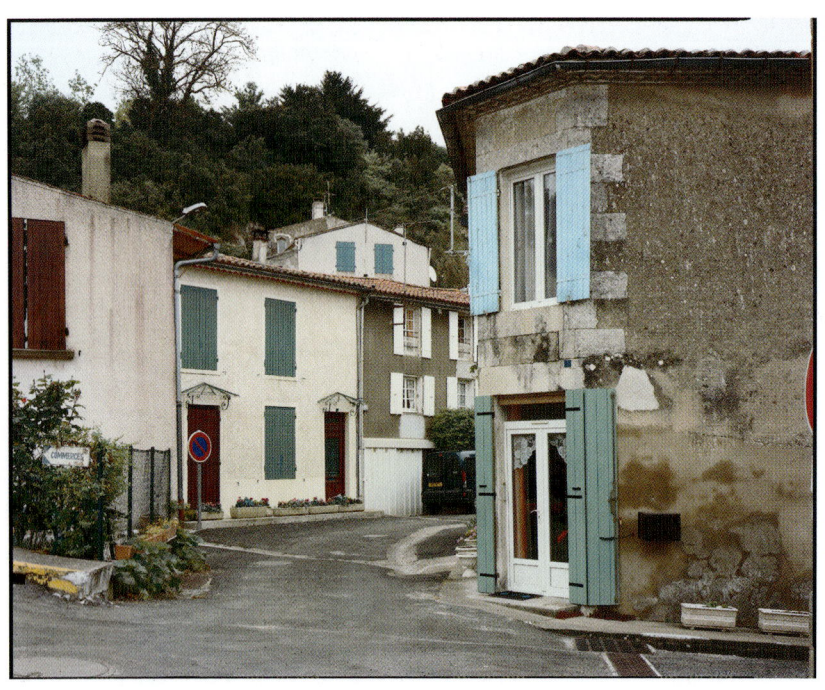

168 | Charente-Maritime, Mortagne-sur-Gironde.

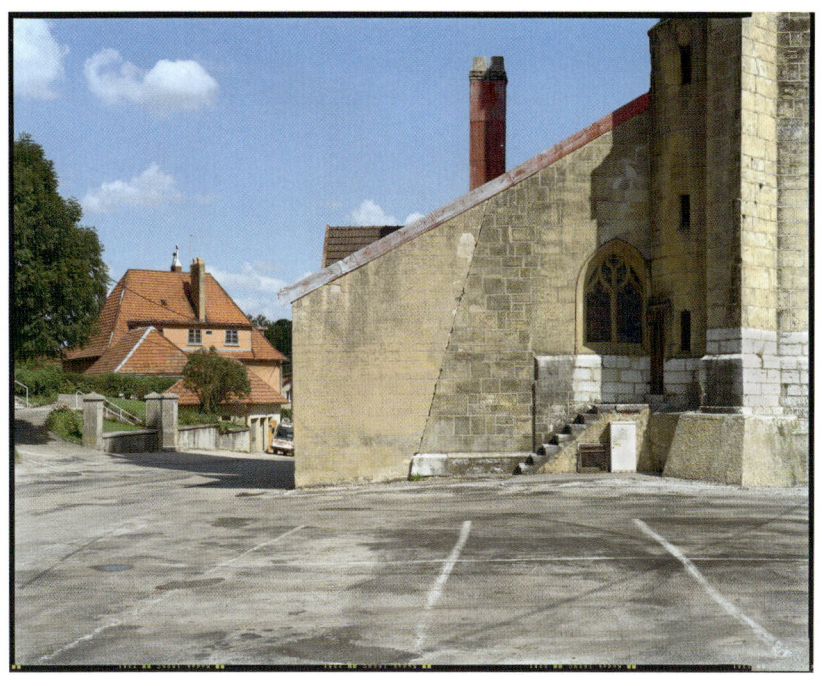

Doubs, Les Fins. | 169

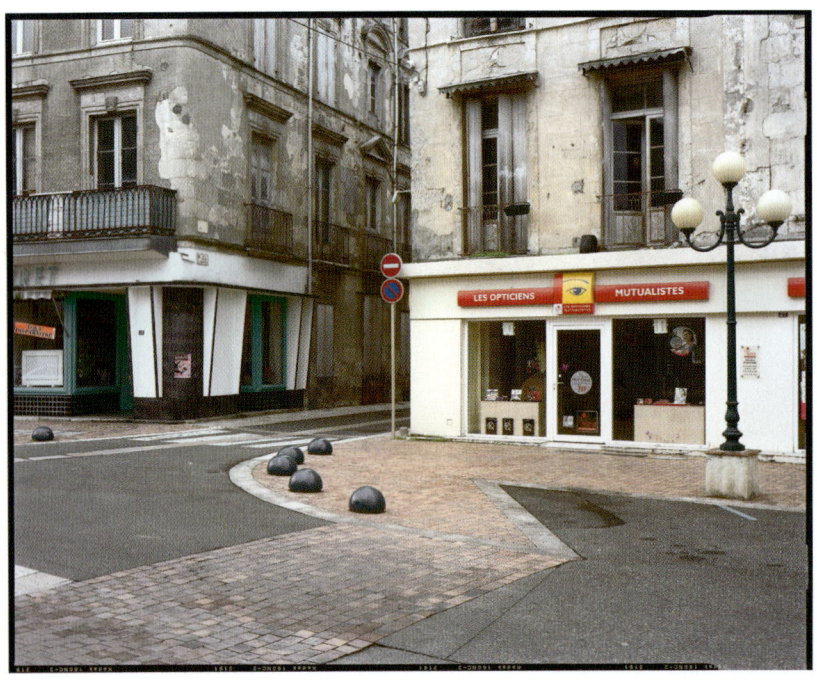

170 | Lot-et-Garonne, Nérac.

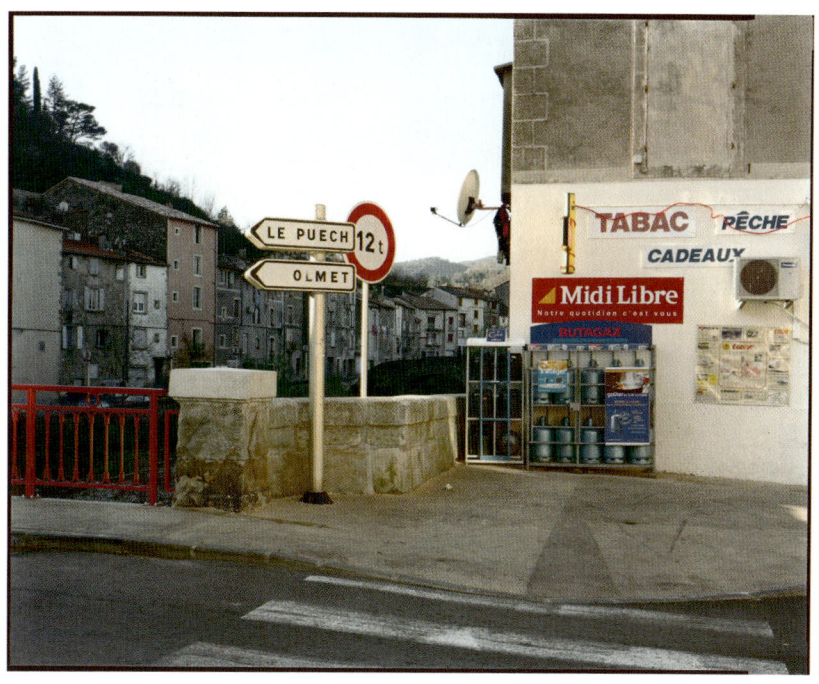

Hérault, Lodève. I 171

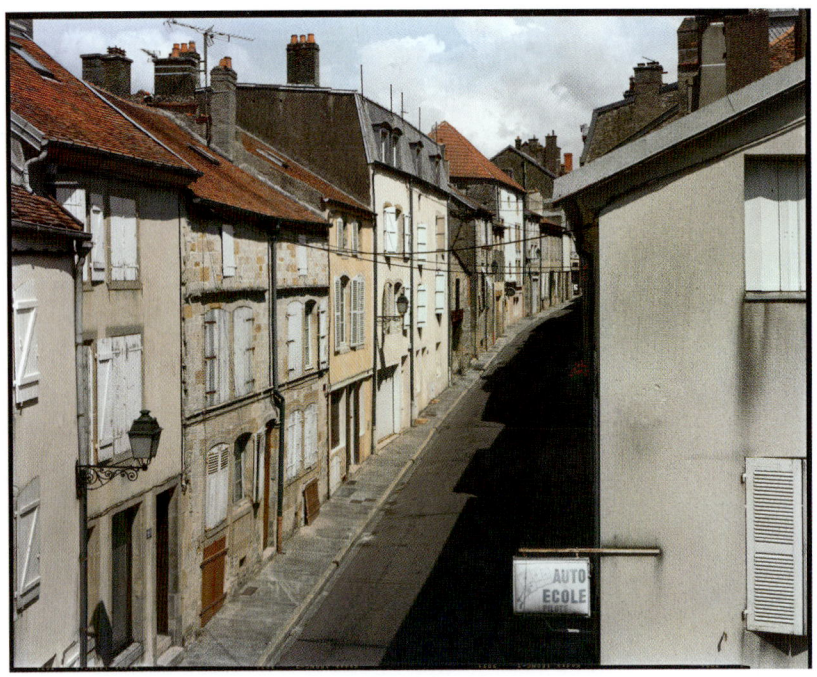

172 | Haute-Marne, Langres.

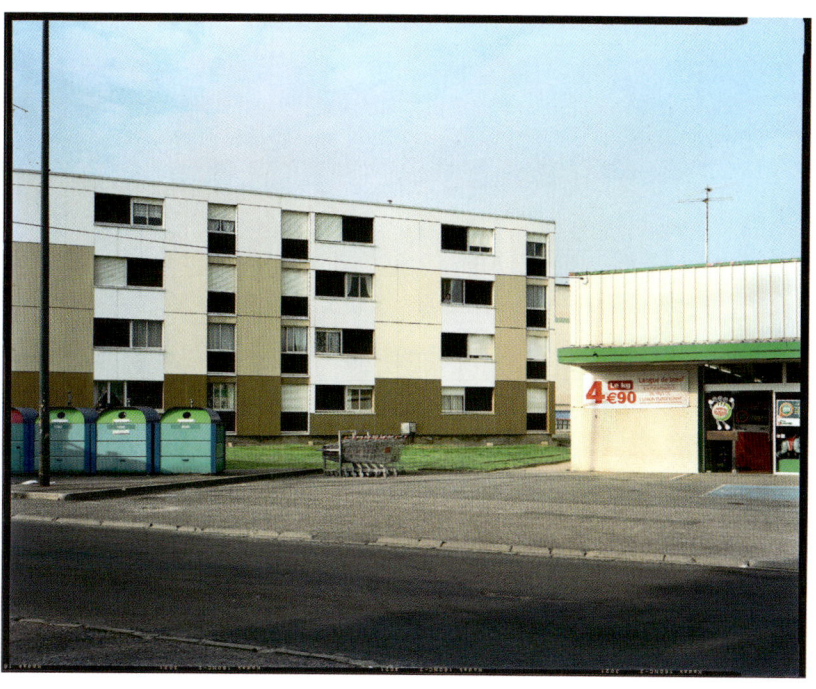

Meuse, Commercy. | 173

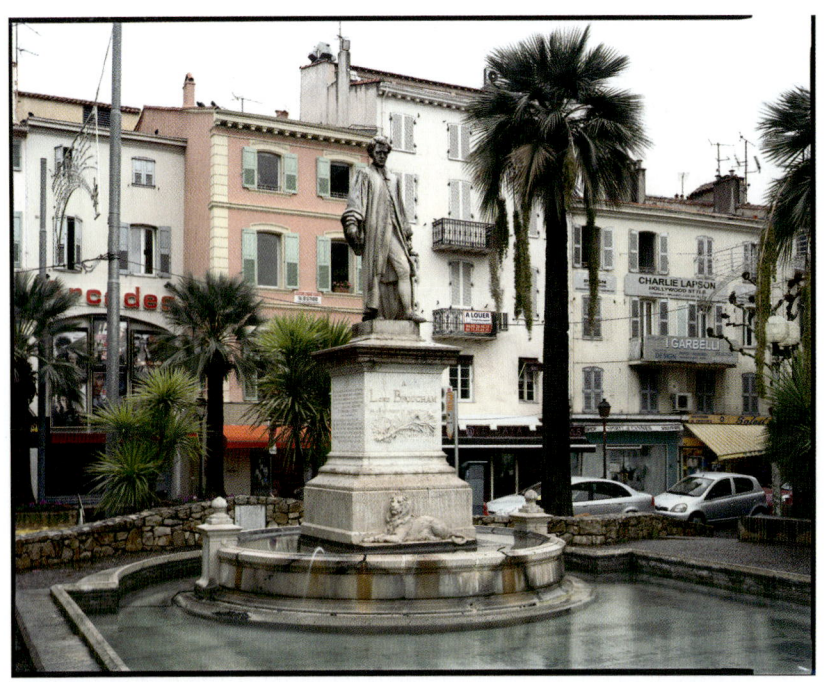

174 | Alpes-Maritimes, Cannes.

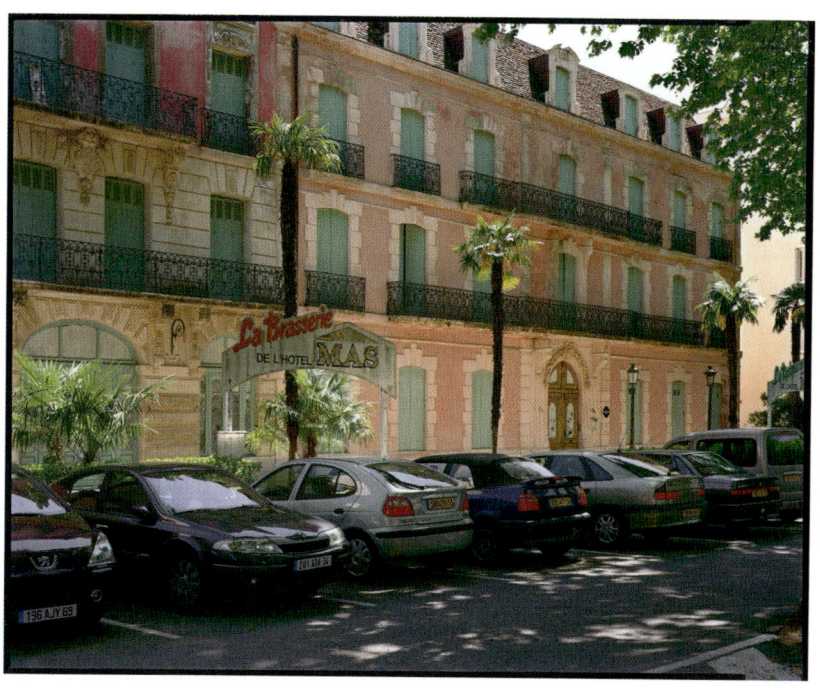

Hérault, Lamalou-les-Bains. | 175

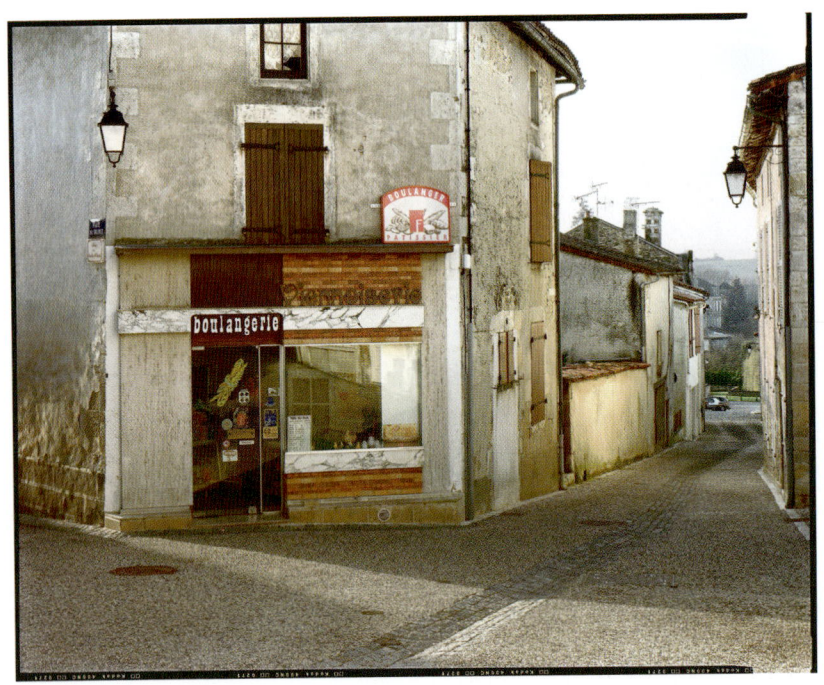

176 | Charente, Ruffec.

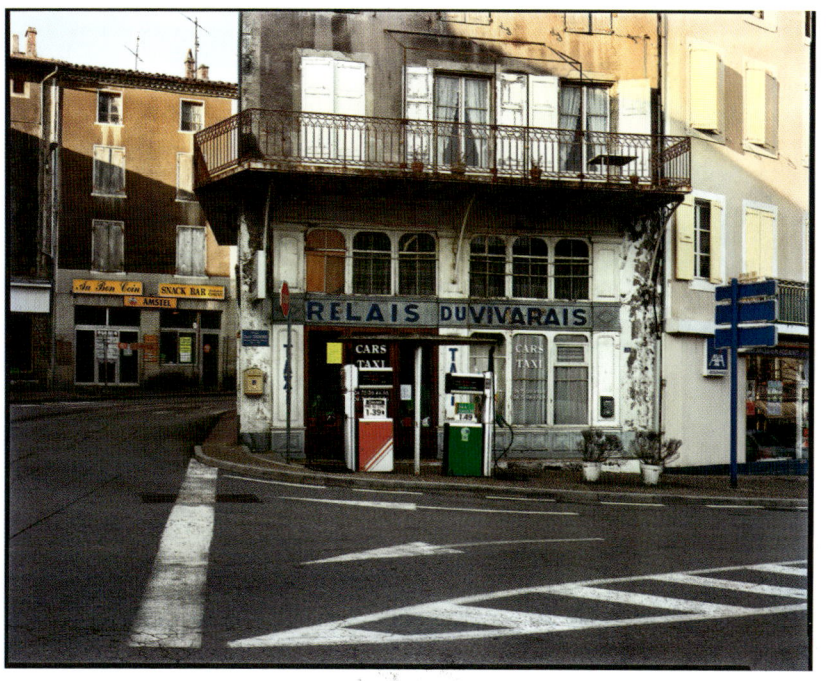

Ardèche, Lamastre. | 177

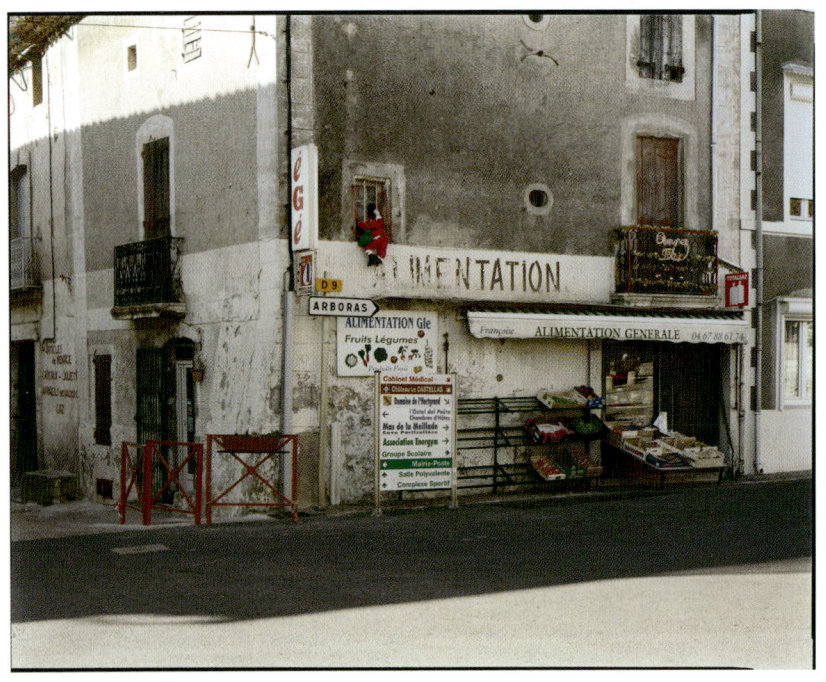

178 | Hérault, Vers Montpeyroux.

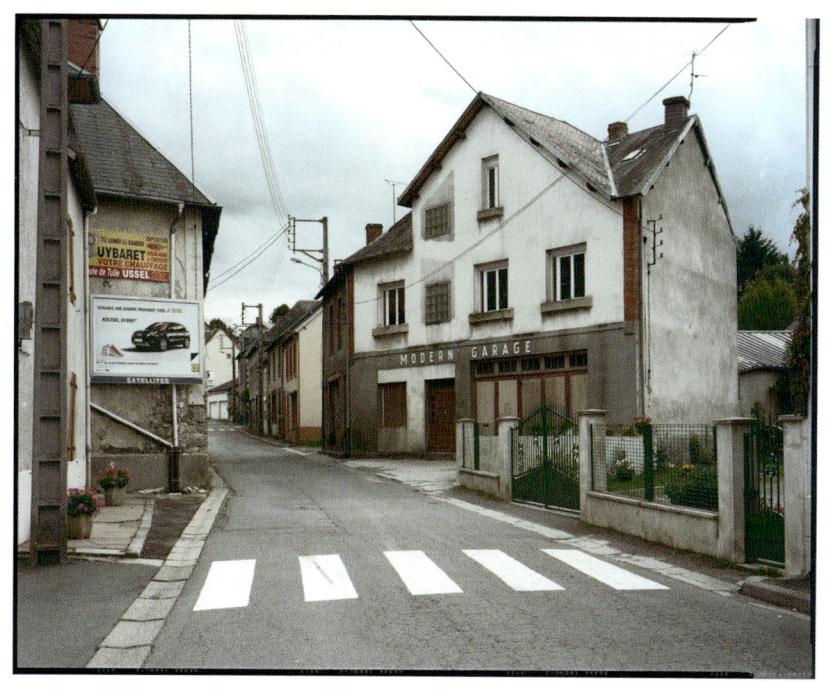

Creuse, La Courtine. | 179

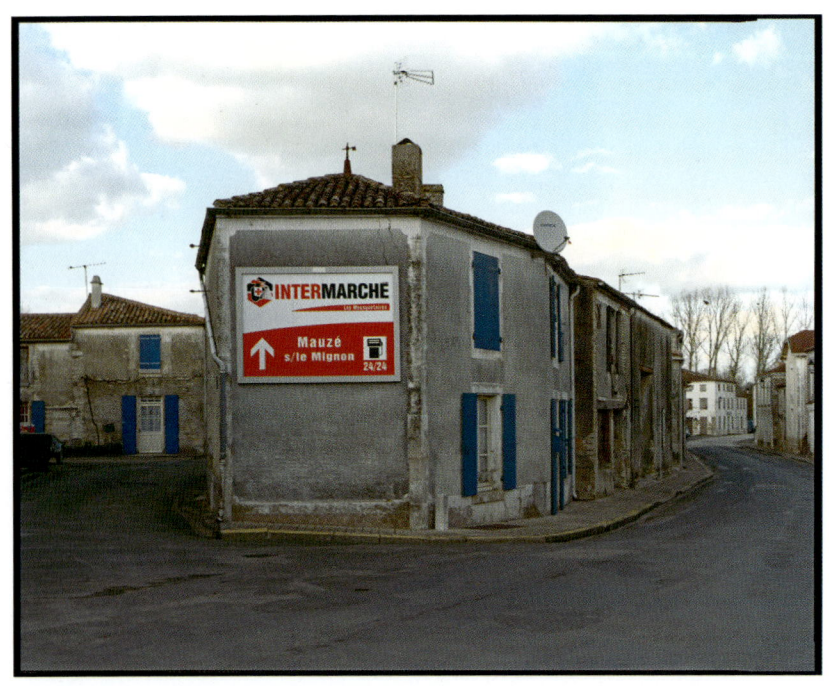

180 | Charente-Maritime, La Grève-sur-Mignon.

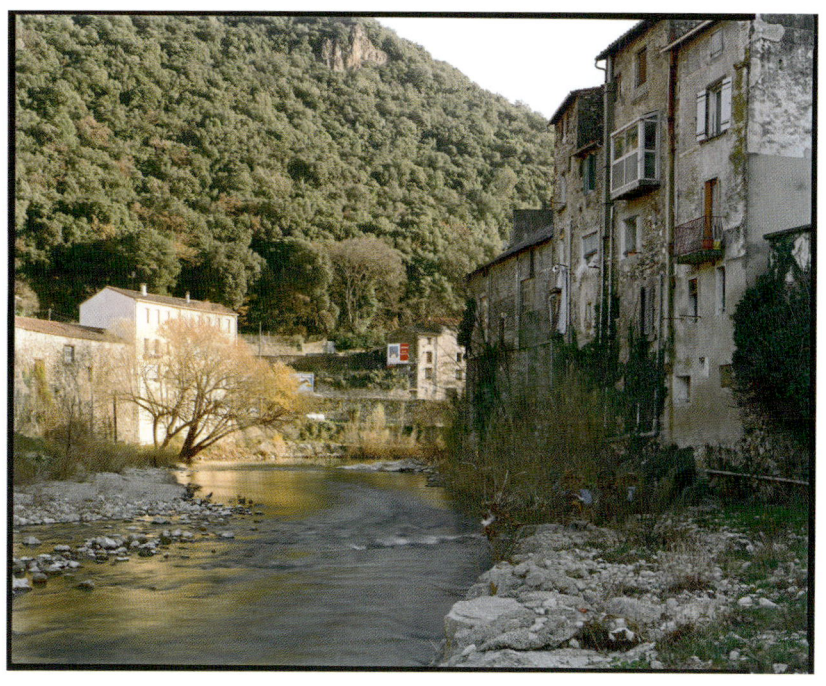

Hérault, Lodève. | 181

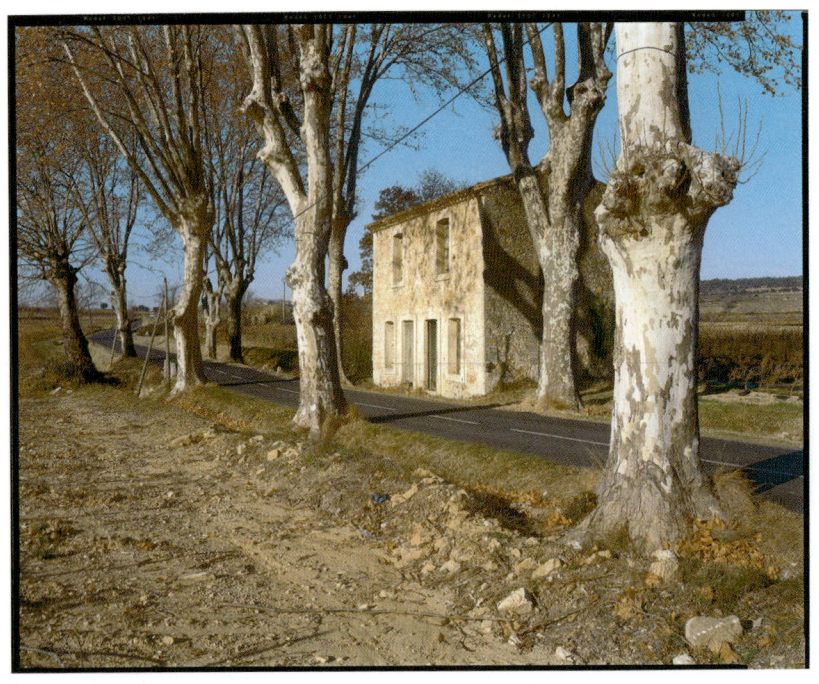

182 | Hérault, Vers Montpeyroux.

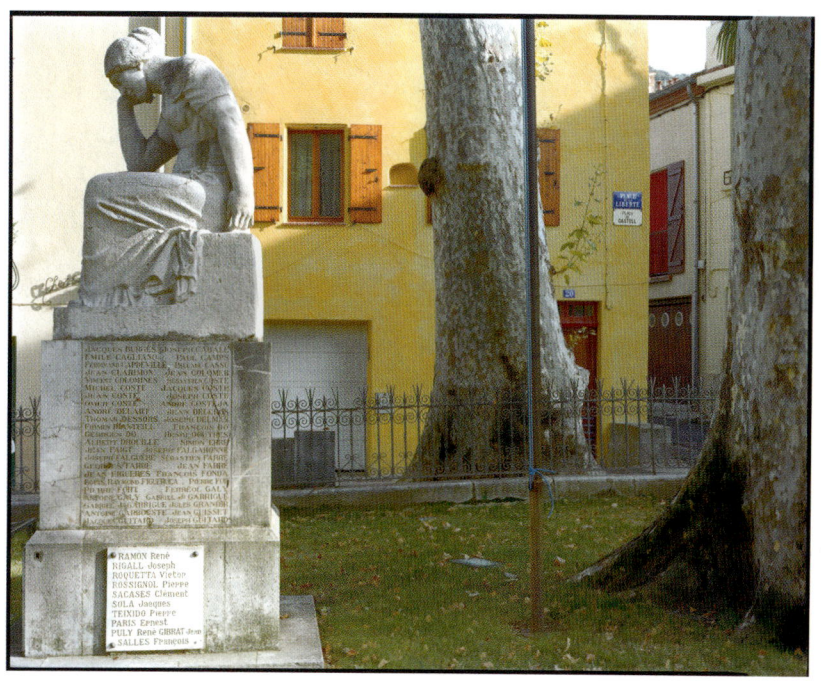

Pyrénées-Orientales, Céret. | 183

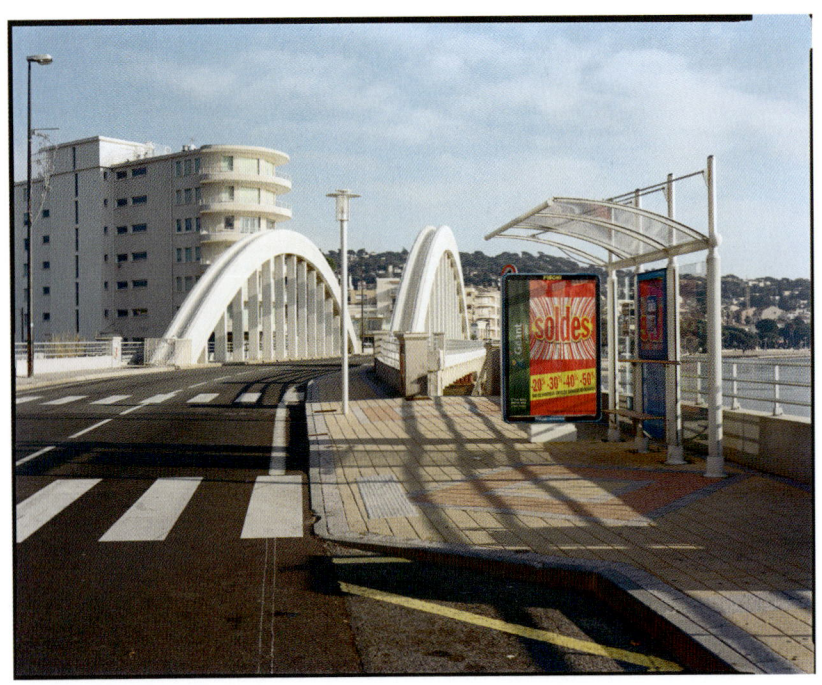

184 | Var, Sainte-Maxime.

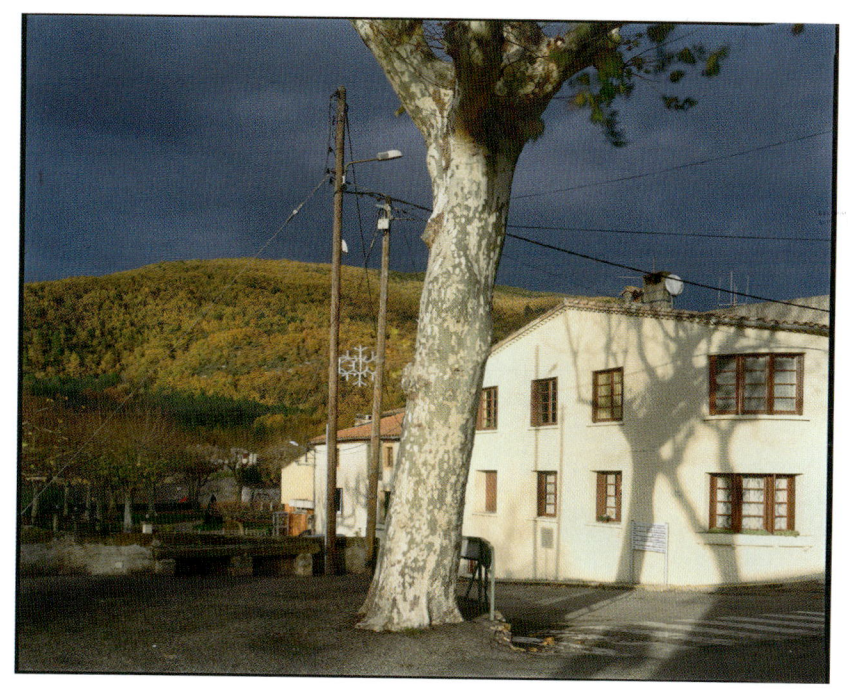

Aude, Alet-les-Bains.

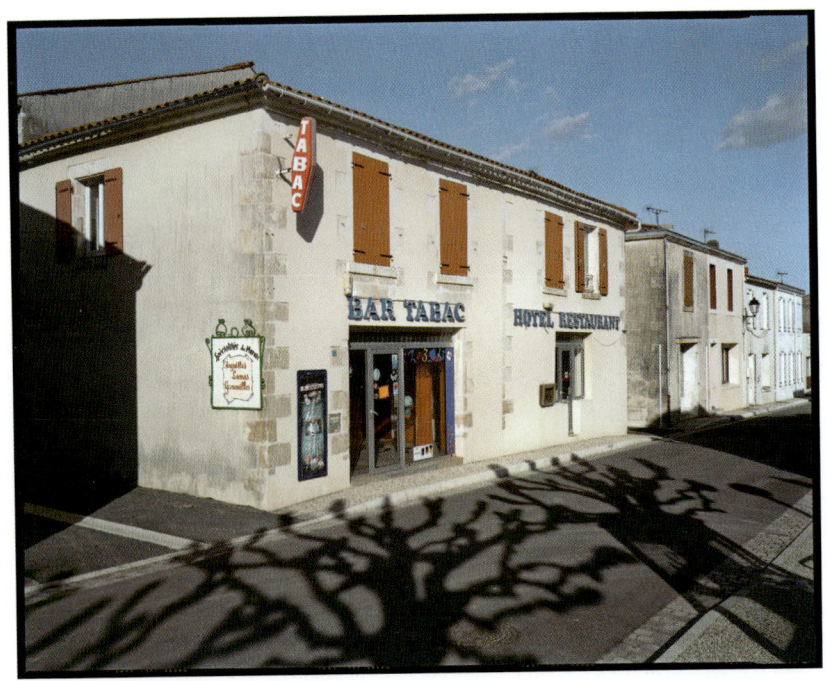

186 | Charente-Maritime, La Ronde.

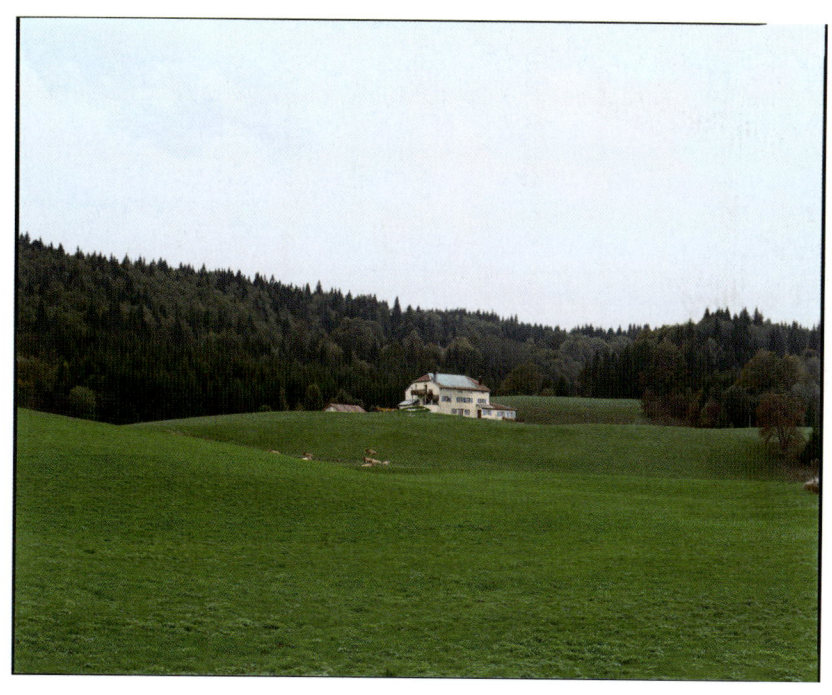

Jura, Bellecombe.

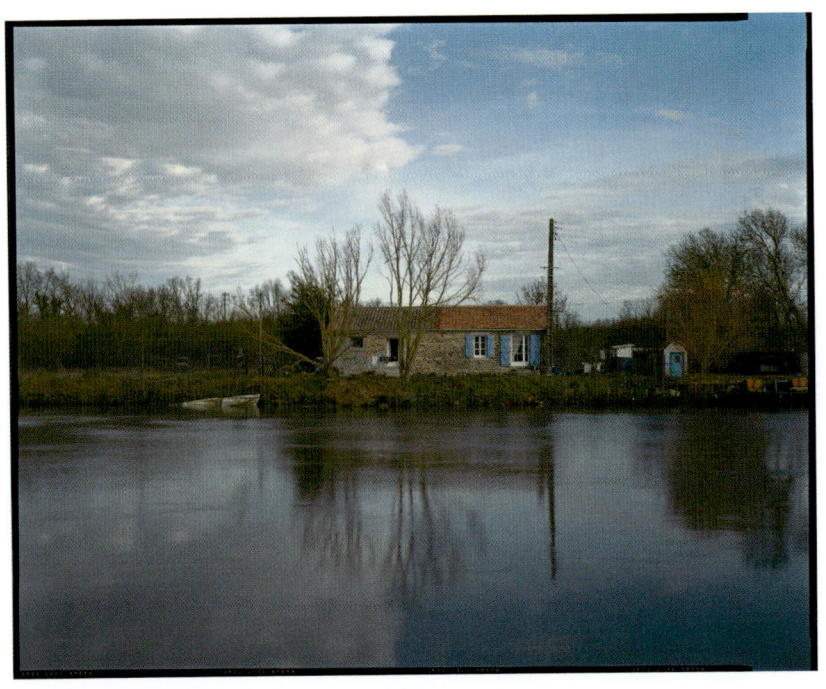

188 | Charente-Maritime, Le Marais poitevin.

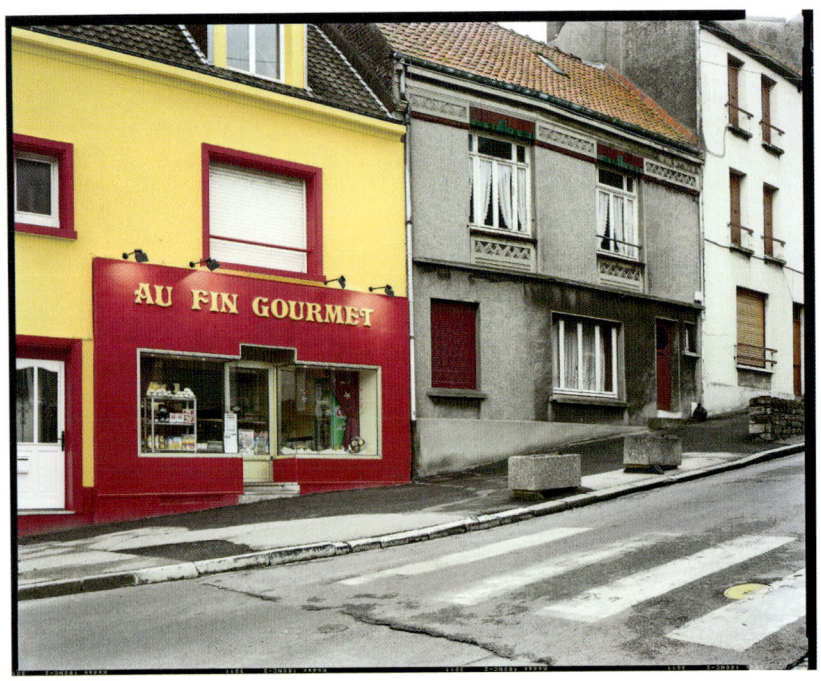

190 | Pas-de-Calais, Le Portel.

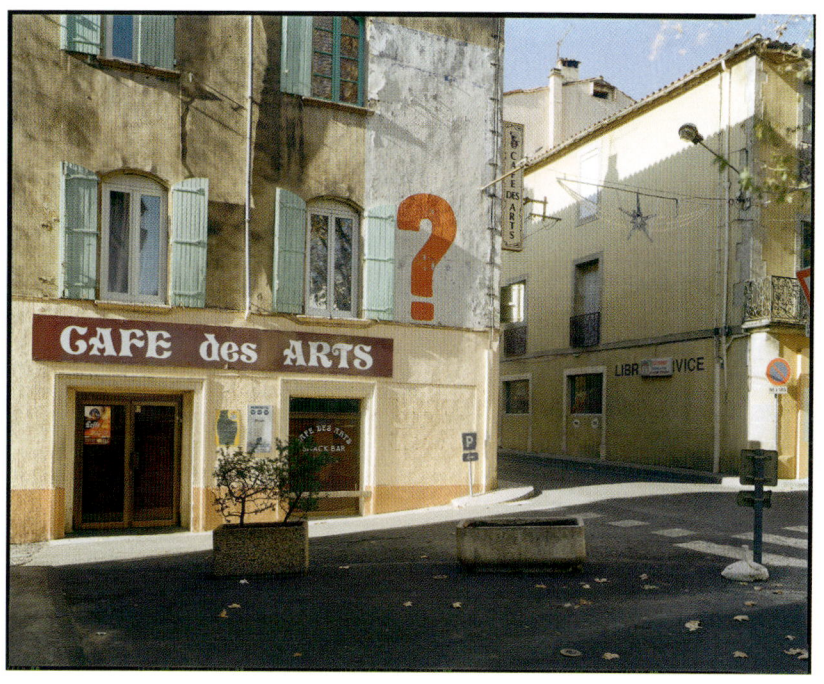

Hérault, Lodève. | 191

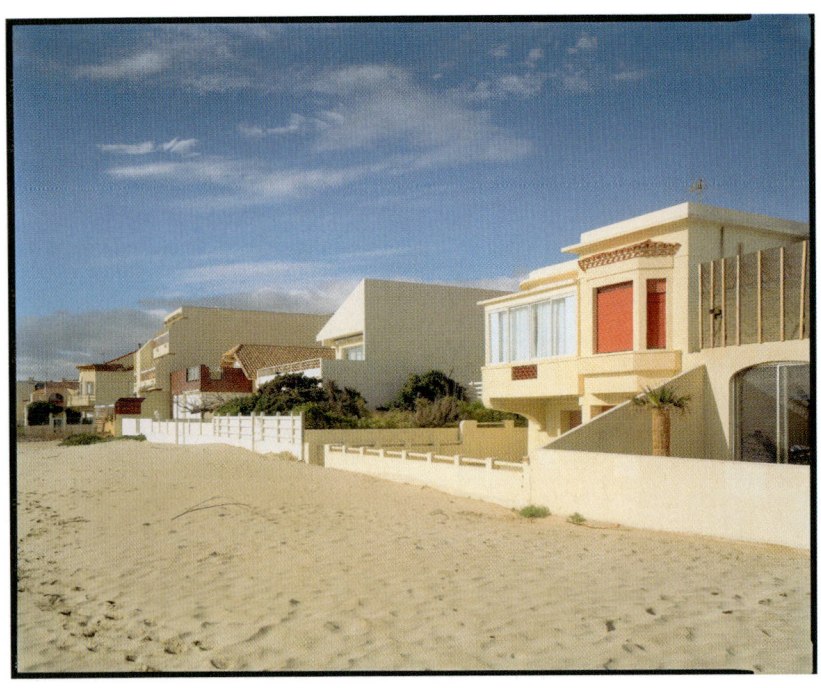

192 | Hérault, Carnon-Plage.

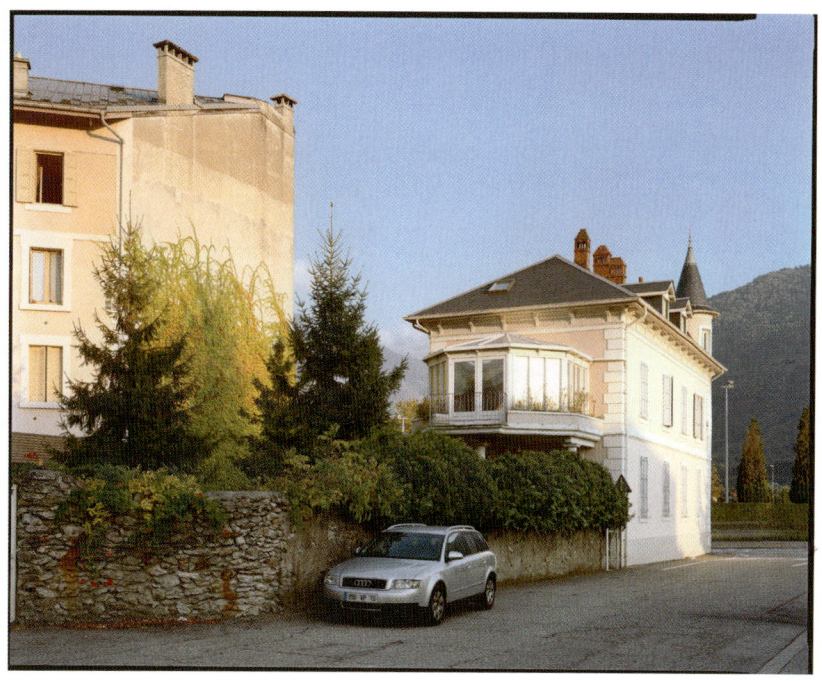

Savoie, Albertville. | 193

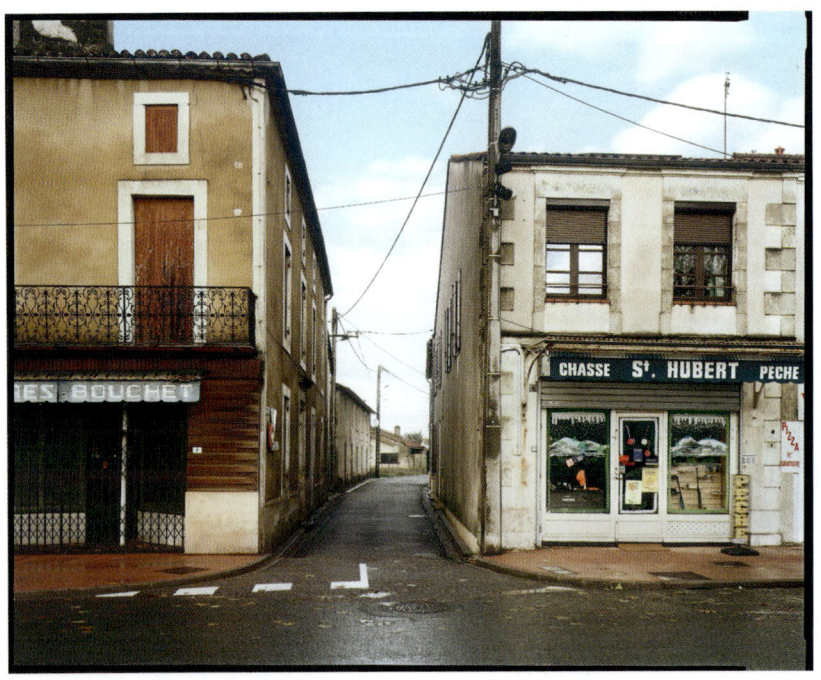

194 | Lot-et-Garonne, Casteljaloux.

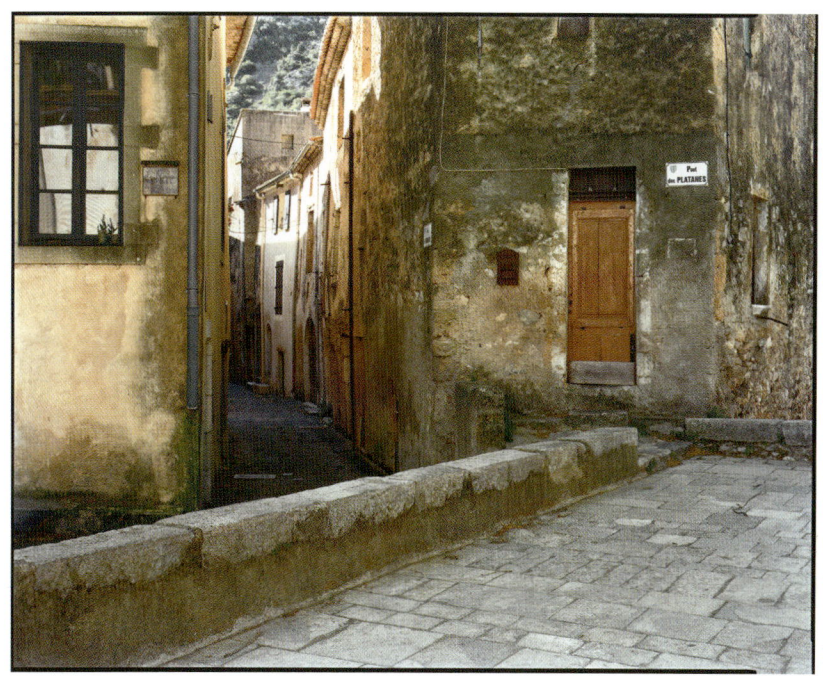

Hérault, Saint-Jean-de-Buèges. l 195

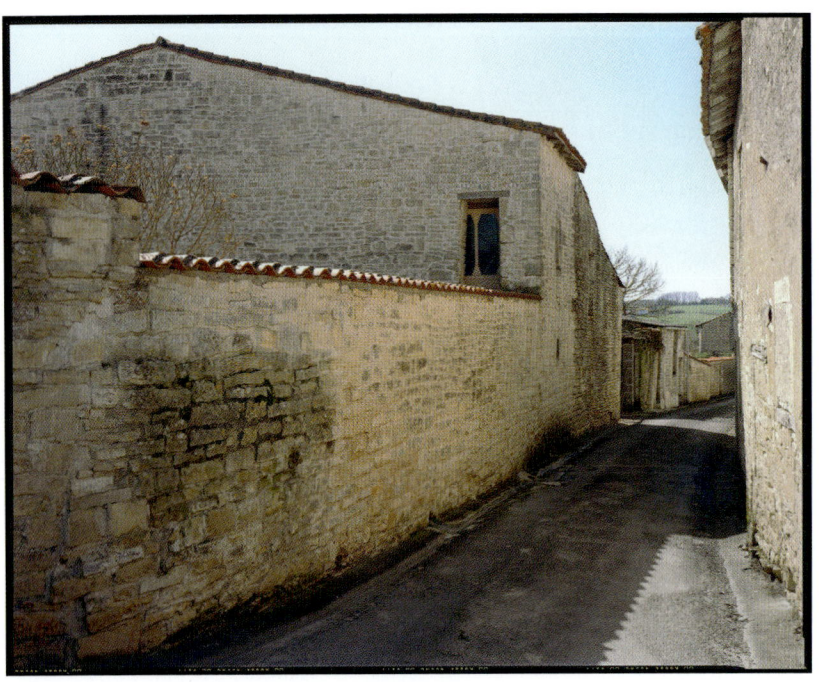

196 | Charente, Tusson.

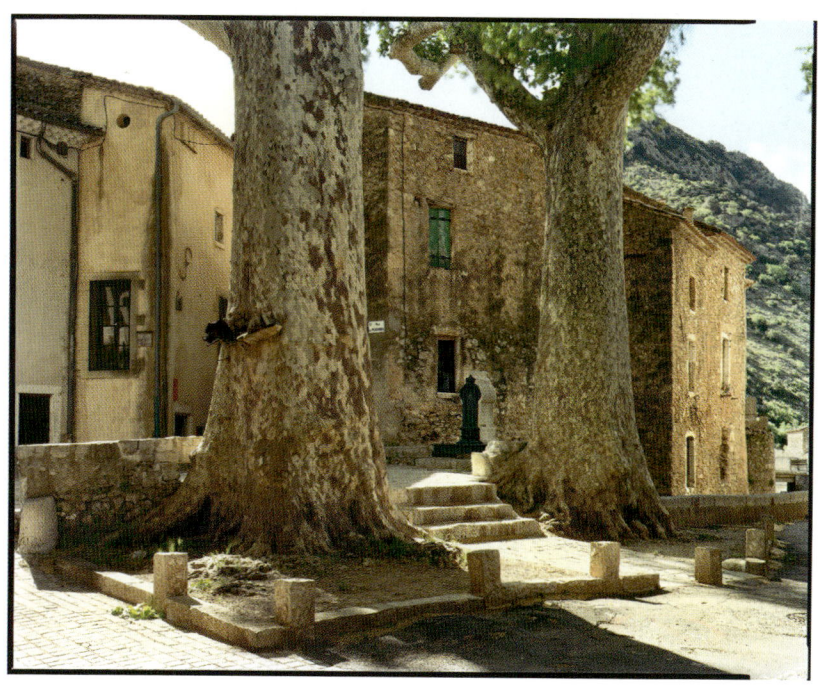

Hérault, Saint-Jean-de-Buèges. | 197

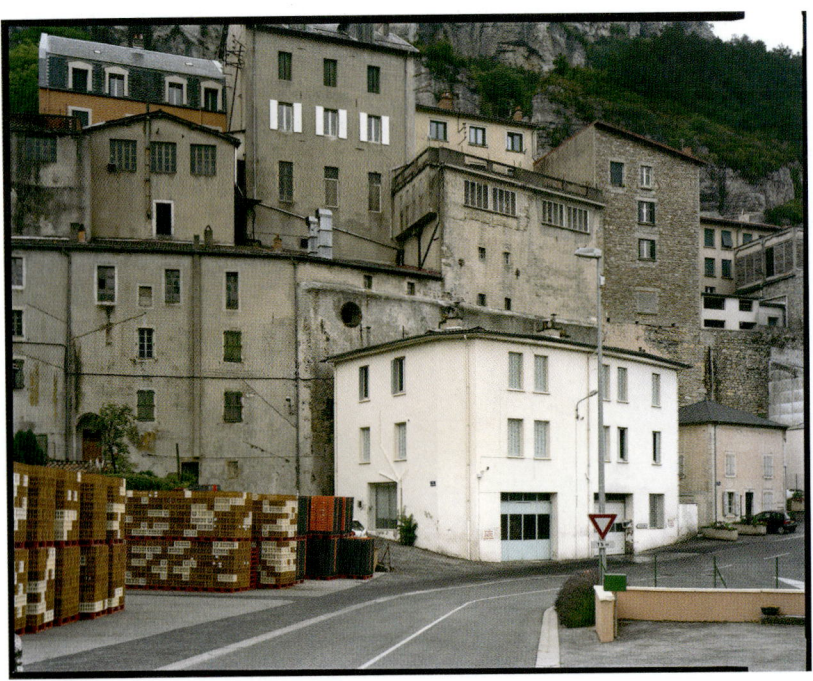

198 | Aveyron, Roquefort-sur-Soulzon.

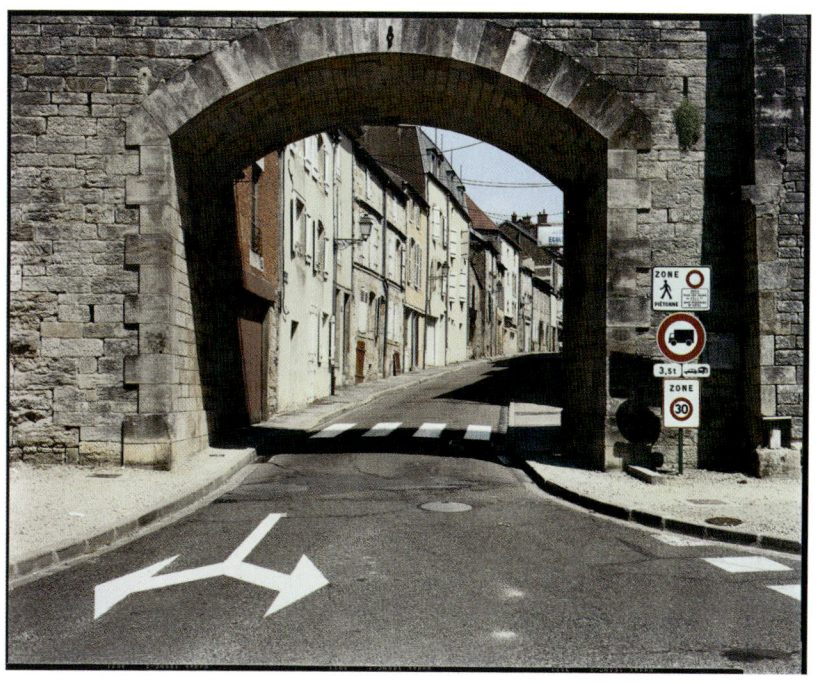

Haute-Marne, Langres.

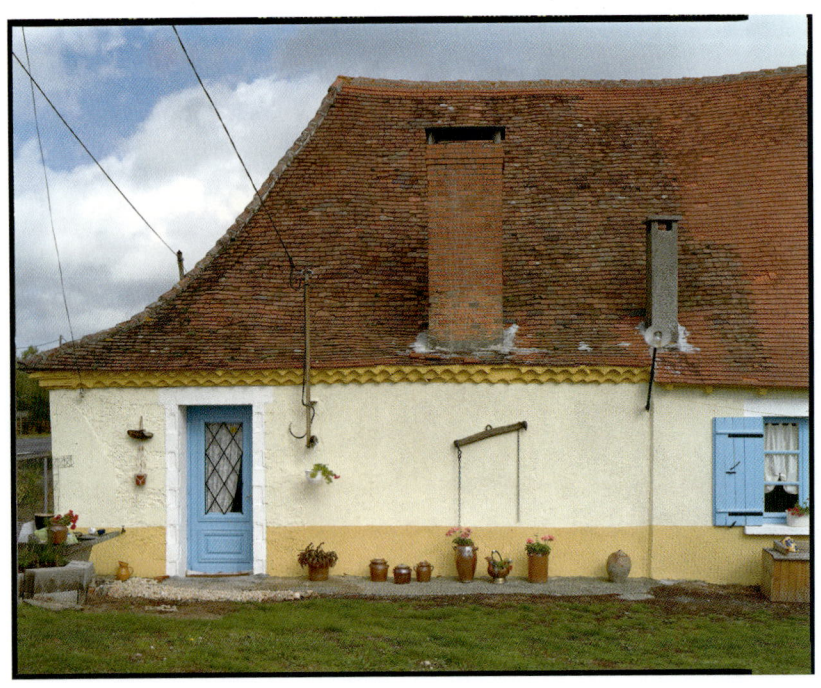

200 | Dordogne, Chalais.

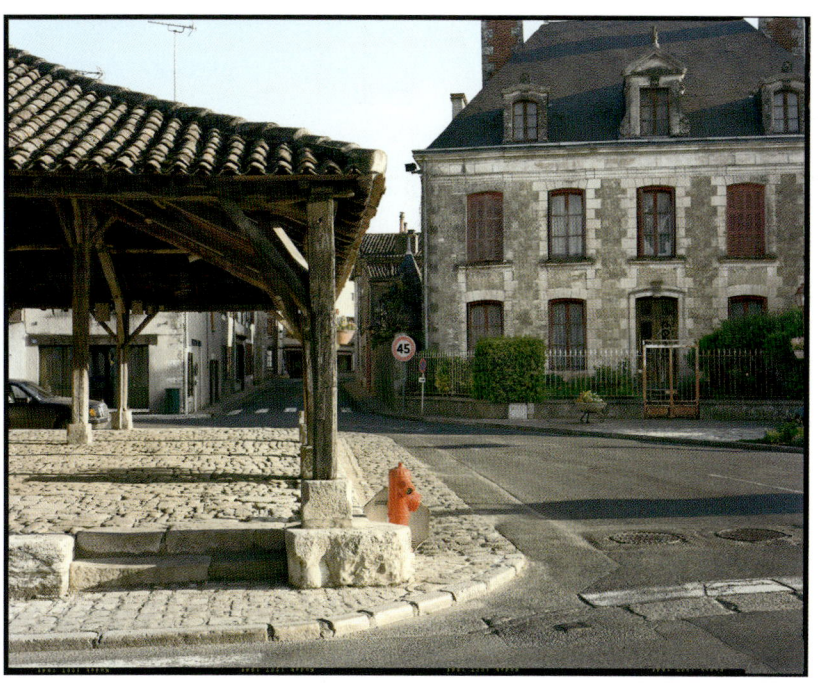

Vienne, Charroux. | 201

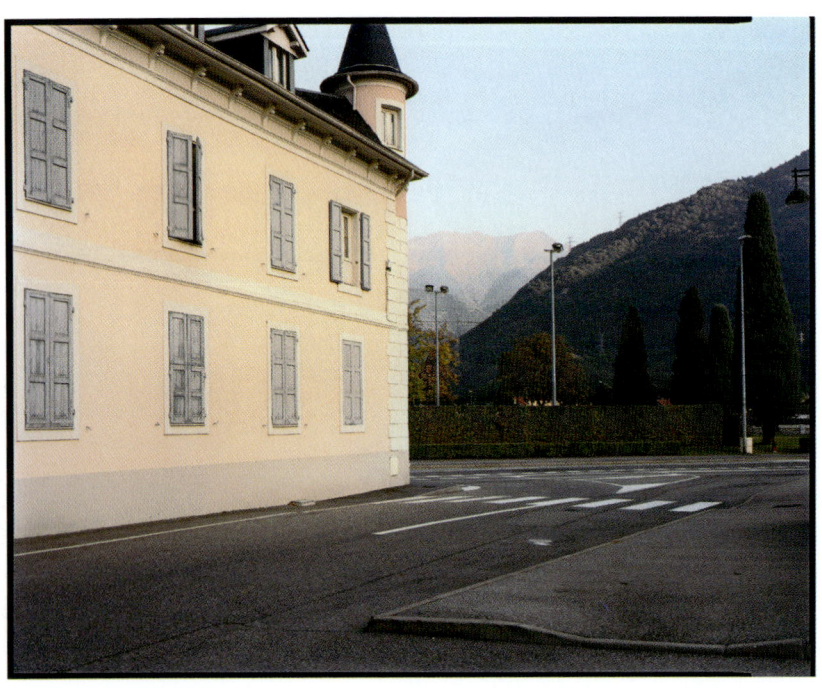

202 | Savoie, Albertville.

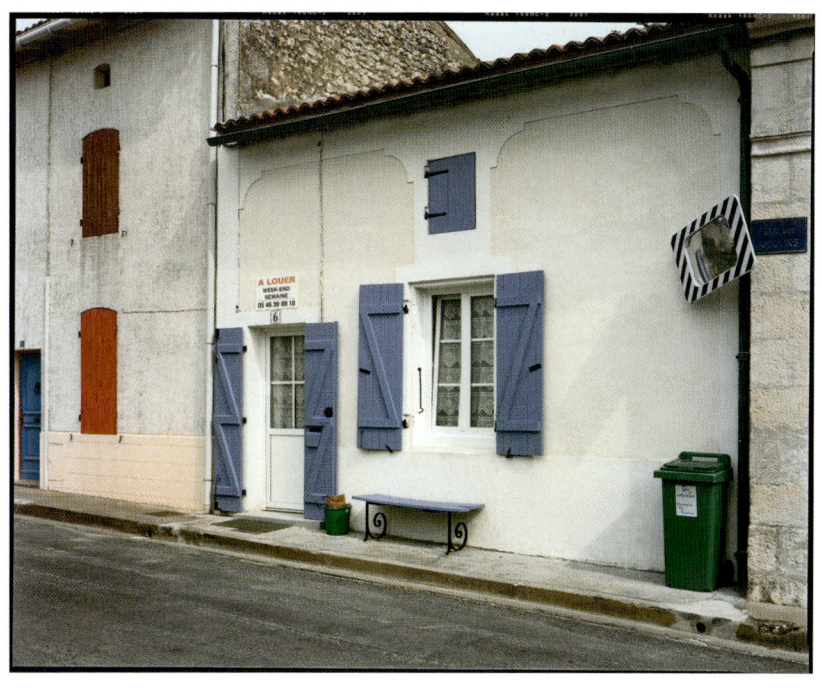

Charente-Maritime, Mortagne-sur-Gironde. | 203

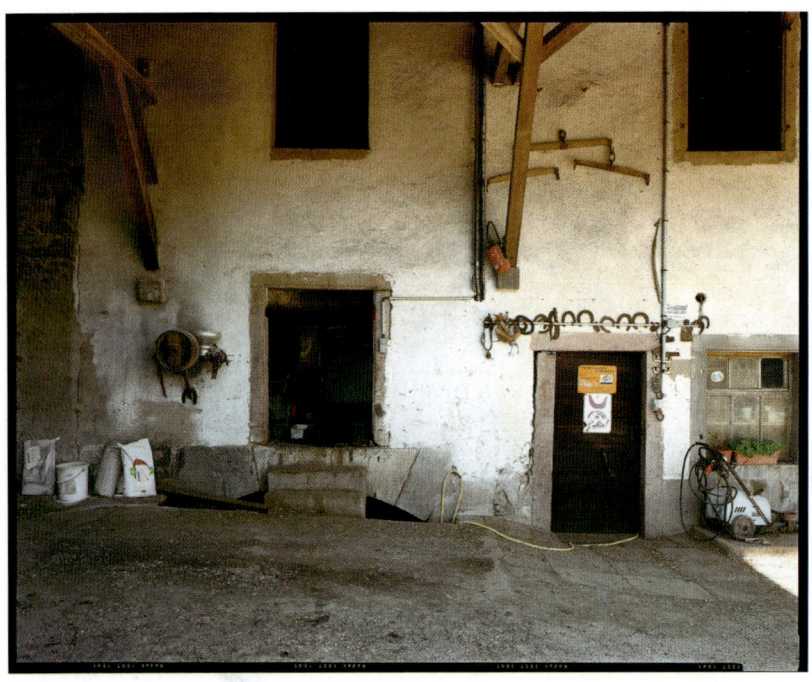

204 | Haut-Rhin, Guewenheim.

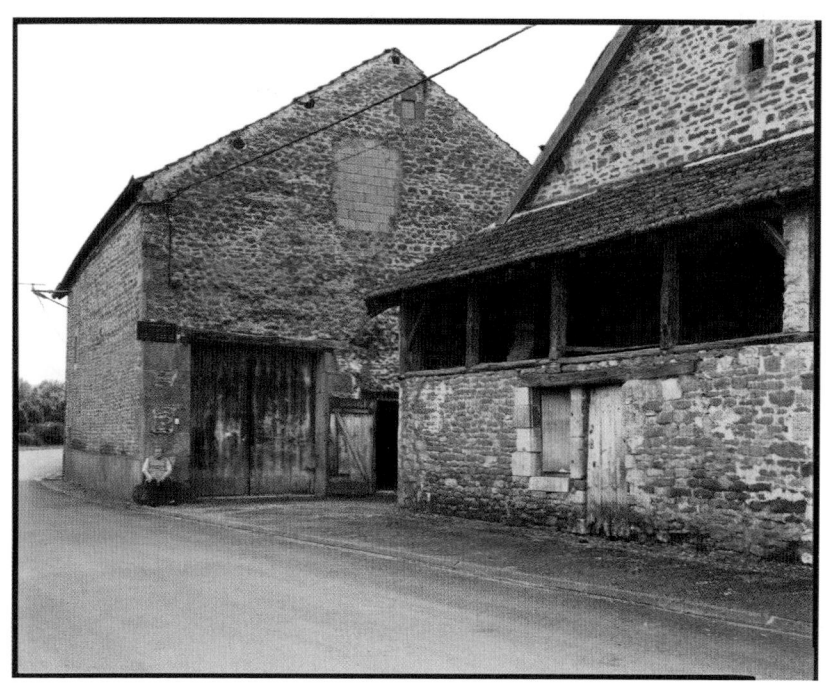

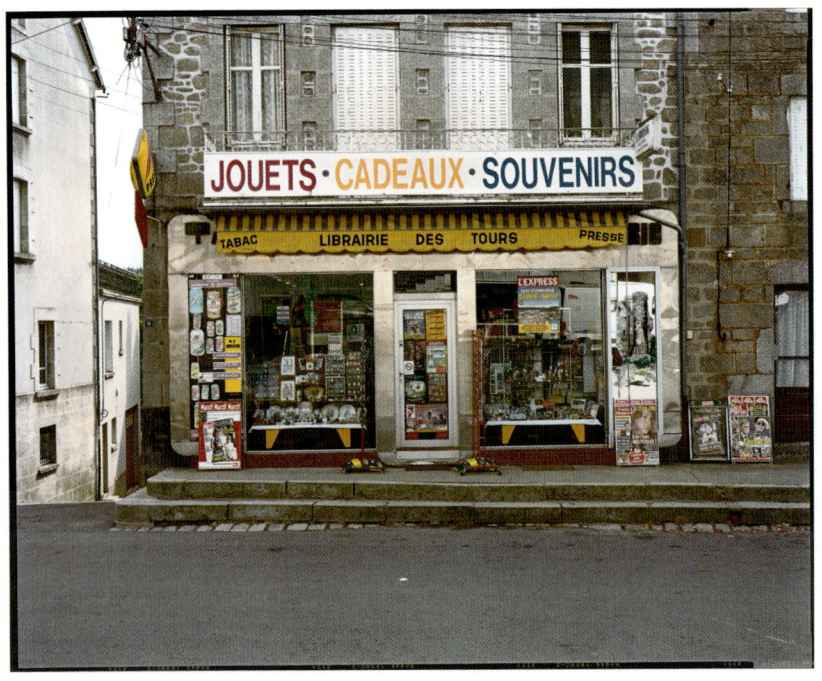

206 | Creuse, Crocq.

Editing et maquette : Alexandre Mouawad

Achevé d'imprimé par Gibert Clarey
Dépôt légal : novembre 2017 – n° 137501
Imprimé en France